上海地情普及系列丛书·服务"五个新城"建设

上海市地方志办公室　主编　上海通志馆　承编

走进松江

杨婧　乔志远 ————— 编著

上海人民出版社　学林出版社

总

序

  今年是上海市地方志办公室、上海通志馆推出"上海地情普及系列丛书"的第四年。第四辑聚焦嘉定、青浦、松江、奉贤和浦东新区五个区，以《走进嘉定》《走进青浦》《走进松江》《走进奉贤》《走进南汇》为题，服务上海"五个新城"发展，我感到很有意义、很有价值。这充分体现了地方志系统围绕大局、服务中心，积极用好地方志资源，发挥存史、育人、资政职能的主动追求。

  2017 年国务院批复的《上海市城市总体规划（2017—2035）》明确提出：将位于重要区域廊道上、发展基础较好的嘉定、松江、青浦、奉贤、南汇等新城，培育成在长三角城市群中具有辐射带动作用的综合性节点城市。2021 年 1 月，"五个新城"首次写入市政府工作报告，明确将以五个新城建设为发力点，优化市域空间格局。2021 年 3 月，上海市政府发布的《关于本市"十四五"加快推进新城规划建设工作的实施意见》明确：至 2035 年，嘉定、青浦、松江、奉贤和南汇 5 个新城各集聚 100 万左右常住人口，基本建成长三角地区具有辐射带动作用的综合性节点城市。至 2025 年，5 个新城常住人口总规模达 360 万左右，新城所在区的 GDP 总量达到 1.1 万亿元，新城基本形成独立的城市功能，在长三角城市网络中初步具备综合性节点城市的地位。

加快建设"五个新城",是上海积极谋划长远发展的一个重大战略布局,是上海积极落实长三角一体化发展的一个重要举措,也是历史赋予嘉定、青浦、松江、奉贤、南汇五个区域的光荣使命和发展契机。这五个地区地理位置独特、文化底蕴深厚、发展历史悠久、经济基础扎实、特色特点显著。因此,要了解这五个新城,就必须认识它们所在的区域,了解这些区域的发展历史、发展过程、发展特点、发展现状,了解这些区域的人文、自然、社会、文化和经济等方方面面。我想,这也应是"上海地情普及系列丛书"今年这一辑选题的初衷和用意。

从这一辑丛书中,我们可以读到上海的历史和发端,比如上海之根、上海之源;可以读到上海丰富的历史遗产和优秀传统,比如农业技术、"贤文化"乃至珍贵的四鳃鲈鱼;可以读到上海发展历史中众多具有标志性、里程碑意义的"第一",比如上海最早的"卫星城"建设、出口加工区建设;可以读到改革开放特别是新时代以来的上海无数创新成果,比如"科创走廊""东方美谷",特别是临港片区发展,等等。这些内容不仅仅是关于这些地区的,同样代表着上海的历史与发展,集中体现了上海"开放、创新、包容"的城市品格。

"上海地情普及系列丛书"出版以来,坚持以地方志资料为基础,致力于大家写"小书"、专家写普及读物,致力于精心设计和打造。例如,第一辑聚焦"源",第二辑选取"点",第三辑侧重"条",第四辑突出"块",从不同角度比较全面地介绍了上海发展的历史和特色。第四辑丛书仍然采取了专家学者撰写的方式，内容丰富、叙述简洁，读起来通俗易懂。这些工作都是地方志机构和地方志工作者在承担繁重的修志编鉴工作基础上开展的，难能可贵。同时，出版社也给予了大力帮助和支持。地方志普及和开发利用，确实是需要全社会广泛关注和共同努力的。

总之，我觉得，这一辑"上海地情普及系列丛书"是上海市地方志办公室、上海通志馆奉献给广大市民群众和青少年的又一套生动活泼的爱国、爱乡和"四史"教育的好教材，值得一读，值得推荐。

此为序。

上海市第十届政协副主席
国家教材委员会专家委员
上海市教育发展基金会理事长

目录

松江，新城建设的领航者

　　松江，地处上海西南部，黄浦江上游。境内地势平坦，西北部有十几座小山丘，河渠纵横，四季分明，降水丰沛。良好的自然条件带来富饶的物产，又因其居于东南僻远之地，长期远离战乱频仍与政治纷扰，社会稳定，文化兴盛。六百余平方千米的沃土，六千年赓续不断的文明，使其成为上海各区中的"敦厚长者"。"上海之根""沪上之巅""浦江之首""花园之城""大学之府""制造重镇""旅游胜地"……都是对松江饱含赞誉的特称。其中有些源自其独特的环境与绵厚的历史，而更多的则源自这片千年热土上迭代更新的规划与建设。

　　新石器时期，来自黄河流域的一批"移民"迁徙到松江九峰一带，在这里耕织、渔猎，建造住宅、集市与村落，为上海带来了最早的市镇雏形与"移民"基因。唐天宝十载（751年），松江出现了最早的行政建制"华亭县"，这也是上海第一个完整的县级行政建制。据南宋《云间志》记载："唐之置县，固有城矣。"至宋代，华亭城中已有街巷数十条。元初升府，城内有一府一县行政机构，因城垣较小，城市建筑沿市河向西延展，到元末已形成"十里长街"。明代松江城曾被列为全国33个都市之一。

　　民国元年（1912）废松江府，将华亭、娄县合并为华亭县，属江

醉白池

苏省；民国三年，改称松江县。中华人民共和国成立后，松江县隶松江专区。1958 年 3 月，松江专区撤销，改隶苏州专区；同年 11 月，松江县由江苏省划归上海市。

此后，松江县城被规划、辟建为市郊工业卫星城镇之一，一批部、市属工厂陆续迁入，为松江的冶金、铸造、机床、照相机等工业门类的发展起到了良好的指导和促进作用，带动了一批县属和乡镇企业。

改革开放之后，松江敢为人先，锐意进取。

1997 年，率先建设松江新城示范区。2000 年，松江新城被列为上海市"十五"规划期间"一城九镇"郊区城镇建设的重点，成为上海第一个、也是中国大城市郊区的首个新城。

2007 年，松江新城全面建成。其规模由最初的 21 平方千米拓展到 158.4 平方千米；规划人口增加也近 4 倍，从 30 万人增加到 110 万人。在城市功能、人居环境与发展前景等各方面，都受到百姓的认可。

2008 年，松江出口加工区成为全国最大的出口加工区，进出口总额超过全国数十个出口加工区的总和。2010 年，上海市郊的第一个高铁站松江南站开通运营，意味着松江进入了高铁时代。松江新城南部区域由此成为推动城市化进程、促使松江从生产型城市向消费型城市转型的新"引擎"；松江新城在全市发展中的战略地位也出现了变化。2016 年，松江第一个提出"构建面向长三角的 G60 科创走廊"，推动"G60 科创走廊"从松江的城市战略迈向长三角一体化的国家战略，成为科技创新驱动"中国制造"迈向"中国创造"的示范版。近年来，松江区还充分重视加强老城改造及区内历史文化风貌的保护开发，着力打造广富林、浦江源等体现"上海之根"积淀的文化品牌，加快保护、改造府城、仓城及泗泾下塘、华阳老街等历史文化遗存，加固松江新城的文化根基，增强松江乃至上海人民的历史自豪感与文化归属感。

松江是上海城市之源，具有发展独立新城的有利条件。自 1997 年设立新城示范区开始，经过 20 多年的发展，松江新城已初步建设成为具有独立城市功能和核心竞争力的新城，以及在长三角区域范围内具有较强辐射力、影响力、吸引力的现代化城市。"十三五"以来，松江跨越式发展势头越发强劲，国内生产总值、地方财政收入均呈现两位数增长；工业、贸易、上市企业数量均跃居上海市前列。加之拥有 G60 科创走廊这个国家战略的重要平台，具有明显的战略优势和比较优势。这一切都为松江新城进一步建设成为独立的综合性节点城市，辐射与带动长江三角洲区域一体化发展，提供了坚实的基础。

2017 年 12 月 15 日，《上海市城市总体规划（2017—2035 年）》（以下简称《规划》）获得国务院批复。其中明确，将位于重要区域廊道上、发展基础较好的嘉定、松江、青浦、奉贤、南汇等五个新城，培育成在长三角城市群中具有辐射带动作用的综合性节点城市。《规划》对松江新城的定位是："沪杭轴线上的西南门户节点城市，以科教和创新为动力，以服务经济、战略新兴产业和文化创意产业为支撑的现代化宜居新城，具有上海历史文化底蕴和自然山水特色的区域高等教育基地和休闲旅游度假胜地。"

擘画"十四五"蓝图，松江新城建设将围绕长三角 G60 科创走廊国家战略，坚持"战略高度、世界眼光、一流标准"，瞄准世界先进城市，勇当科技和产业创新开路先锋，按照高标准规划、高质量发展、高品质生活、高效能治理的建设要求，把松江新城打造成为卓越的科创之城、人文之城、生态之城，成为"上海都市圈第一圈层"主力城市、全市经济发展的重要增长极、上海辐射长三角的战略支撑点，成为向世界展示长三角一体化高质量发展城市群的重要窗口城市。

从古代的县治、府治，到改革开放后的市级工业区、新城示范区，松江的建设发展长期以来走在上海城市化发展的前列。而松江新

松江境内 G60 与 G15 交会处

城的规划和建设，则代表了上海郊区新城的实力与水平。在上海推进
国际化大都市建设的进程中，松江新城以其独特的地理区位和战略地
位，从"一城九镇"到长三角地区重要的节点城市之一，再到独立的
长三角综合性节点城市，一步步成为沪郊新城中的"领航者"。新的
时代，赋予松江更宏大的使命，也将指引她迈向更卓越的未来！

上海之根，厚积丰赡

上海最早的"移民"带来了什么？
九峰三泖，先贤的诗意栖居之地
"云间第一桥"和"云间第一楼"
"县东十八镇，泗泾第一镇"
"江上往来人，但爱鲈鱼美"
烟云雅意话"顾绣"
《平复帖》走向世界

上海最早的"移民"带来了什么？

上海是一个"从海里长出来"的城市。明弘治《上海县志》记载："其名上海者，地居海上之洋也。"6000 年前的上海，有一大半区域还在海里，而"冈身"（古海岸线上由贝类生物壳体和沙石积聚而成的脊带）西侧已经成陆，并有先民在此劳动生息，其中就有后来的松江。综合长期考古和历史文化研究成果，从距今约 6000 年前的上古时代开始，松江这块热土的历史沿革，已能串成一条较为明晰的脉络。而广富林，则是其中一颗久远而灿然的明珠。

考古研究还原最早"移民"的发展轨迹

广富林遗址位于上海市松江区内，毗邻佘山，考古探明面积约 20 万平方米，累计发掘面积约 7 万平方米。20 世纪 50 年代后期，考古工作者在松江九峰地区发现广富林、汤村庙、平原村等古文化遗址，以后又发现了钟贾山、北竿山、佘山、姚家圈等遗址。1961 年，考古工作者对广富林遗址进行首次试掘，出土了大量石犁、石斧、石刀、陶罐等，还发现了原始社会的墓葬群，证明了此处是距今 4000 余年的良渚文化遗址。1980 年至 1982 年，对小昆山附近的汤村庙遗址进

广富林遗址发掘现场

行的三次小规模的发掘，发现了新石器时代的水井、墓葬等，出土了
大量的石器和陶器。通过多年普查和发掘，确定了汤村庙、广富林遗
址范围达数万平方米，原始文化的遗存极其丰富，由此证实了上海先
民们早在 6000 年前已在这片土地上从事耕种、渔猎和饲养等生产劳
动。出土的大批古墓葬，大量鼎、罐、釜、盆、纺轮、网坠等陶器，
刀、斧、犁、矛、锥等石器，竹、骨、玉和象牙制品等，展现了马家
浜、崧泽、良渚等原始社会文化的发展变化过程。出土的石犁，证明
五千多年前古人已从锄耕逐步进入犁耕；而石镰的出现，证明当时农
业产量已提高，需要专门工具来从事收割。这些考古发现充分证明，
在黄河流域原始文化形成的同时，位于长江下游的冲积平原也出现了
新石器时期的不同文化类型。2013 年，广富林遗址被国务院确立为全
国重点文物保护单位。

九峰地区水网密布，平畴沃野，自然条件优越。从小环境来看，广富林遗址是一个北、东、西三面环水的半岛，西面有一条河与陆地相隔，形成一个相对独立的环境，从聚落防卫角度来说具有天然优势。上古先民选择此处繁衍生息，自有其智慧。

4000年前的广富林，是上海最重要的史前聚落之一。从社会形态上看，它具有父系氏族公社的特征。白天，男人从事繁重的农业生产劳动，女人从事家务和家禽养殖等相对轻便的生产劳作。女人以动植物纤维为原料捻成线，用纺轮等工具纺织，再用骨针缝缀遮体御寒的衣裳。晚上，家人吃饭时，男子多有饮用米酒的习惯。人们因没有灯火照明，习惯于早睡早起。妻子从夫而居，过着一夫一妻的家庭生活。妻子生产后，孩子的世系从父计算，财产也由父系继承。总之，父亲是一家之主，这种社会形态，称为"父系家长制"。

随着犁耕和牛耕的广泛运用，农业生产力得到进一步提高和发展，人口也越来越稠密。从遗址情况来看，广富林已经不是一般的村庄，而出现了庞大的建筑群，有墓葬区、居住区、耕作区、市井区几个分区，逐步展现出城镇的雏形。广富林文化遗址在上海多处古文化遗址中出土的文物最多，规模也最大。研究显示，距今大约4100年到3900年前，上海地区出现了一种与良渚文化和马桥文化截然不同的文化形态，其在时间上恰处于两者之间。它似乎并非发源于本地，而与中原地区的龙山文化（黄河中下游的一类重要文化，被认为是汉族祖先的一支）王油坊类型有着千丝万缕的关联。来自不同地区的文化类型在广富林碰撞、融合。比如，其中出土的一些陶器就体现了黄河流域龙山文化和本土文化的结合，可以证实是跨文化融合的产物，而这些陶器的精美也反映出工艺和风格上的成熟。有学者进一步认为，这意味着上海大地早在4000年前，就接纳过来自今河南、山东和安徽地区的移民。这是考古中发现的上海地区首支移民，对于上海"移民文化"的研究具有重要的价值。

"移民文化"成为"上海之根"的深刻基因

广富林文化代表了良渚文化之后、马桥文化之前一个新的文化类型，是新石器时代晚期的文化遗存，这类遗存在环太湖地区是第一次发现。广富林文化是一个内涵纷呈的地方性文化，虽然它的持续年代

广富林文化遗址

很短，仅两百年左右，但非常重要。在空间上，它是连接长江和黄河早期文明的重要桥梁；在时间上，它又连接了新石器时代晚期的良渚文化和夏商之际的马桥文化。它填补了长江三角洲地区考古学文化谱系的空白，是长江三角洲地区考古研究的一个新突破。

距今 4000 多年前，以王油坊类型为代表的中原龙山文化越过长江到达长江三角洲地区后，最终将自己的文化顽强地移植于原良渚文化的分布区内，并融合、发展出新的文化。广富林文化遗存发现于良渚文化遗存之上的事实表明"移民文化"具有顽强的征服和生存能力。

广富林所在的松江是上海唯一有山有水的胜地，也是历史上的人文渊薮。借着广富林古遗址深厚的文化内涵，当地将其开发成广富林文化遗址公园。公园以广富林文化展示馆为中心，4000 年前广富林民居的抽象造型建筑"漂浮"在粼粼水波上，散发出来自远古的魅力。园内还有陈子龙纪念馆、知也禅寺、富林塔等历史文化景点以及各类专题展示馆、艺术书店等，并保留和迁入了不少古典建筑。园区内外还设计了世界先进的艺术灯光系统，每逢节假日，会举办精彩的灯会活动，40 余套大型灯组勾勒出穿越千年、美轮美奂的光影效果。广富林文化遗址公园已成为松江一大热门旅游景点，"上海之根"的历史文化内涵由此得到厚植与开拓。

广富林文化，是长江流域文明与黄河流域文明交汇的结晶，是"海纳百川"的上海城市精神之源，历史文化之根，为坚定"上海之根"的文化自信和文化担当，打造绵厚历史与时代文明交相辉映的"人文松江"，奠立了第一块基石。

九峰三泖，先贤的诗意栖居之地

松江西北部的佘山、天马、昆冈三镇境内的连绵峰峦，自古以来生态良好，风光秀丽。它们是浙江天目山的余脉，虽高不及百米，在一马平川的平原地貌间也格外突出，是上海市内唯一的山林旅游资源，被誉为"沪上之巅"。诸峰自北竿山起向西南伸展，蜿蜒起伏，依次为凤凰山、厍公山、薛山、东佘山、西佘山、卢山、辰山、钟贾山、机山、横山、天马山、小昆山，逶迤13.2千米。十三峰中名闻古今者九，世称"九峰"。民间有"凤厍余辰薛，机横天马昆"之说，算是对九峰约定俗成的概括。明代文学家、书画家董其昌更有"九点芙蓉堕森芒"的生动描绘，将九峰比作九朵出水芙蓉。"佘山拾翠"为上海新八景之一；"佘山修篁"和"天马初雪"均为松江廿四景之一。

自然禀赋孕育人文渊薮

在古代，"三泖"与"九峰"齐名，文人常以"九峰三泖"借指松江。日月轮替，沧海桑田，"九峰"仍屹立在松江境内，"三泖"却几乎都已封淤成陆。原本，在"九峰"西北有三条泖河，大体位置在今松江、青浦、金山、平湖一线。"三泖"有两种说法，一是根据水流位置而称为上泖、中泖、下泖；二是根据大小、形状，把上、中、下三泖依次称为长泖、大泖、圆泖。上泖位于今金山、平湖之间，因形如长带，故名长泖。古长泖萦绕百余里，后逐渐淤涨成田，至清代只存阔如支渠的细流。中泖位于今金山、松江之间，因水面浩阔，称为大泖。今松江五库的万亩泖田就是古代大泖的部分遗址。下泖位于今松江、青浦之间，因泖成圆形，故称圆泖。圆泖成为后来的黄浦江源流之一，由于不断疏浚，得以保存至今，是古代三泖仅存的部分，今称泖河。"九峰三泖"，是上海最早成陆的地区，也是长江三角洲最早的地质标志之一，自然意义与文化意义皆颇为重要。

九峰三泖之间，自然景观、人文景观十分丰富，有很多著名的泉、溪、洞、壁等，以及众多人文古迹和宗教建筑，历代文人游憩于此，留下了诸多题咏峰泖的诗篇和画卷。可以说"九峰三泖"不只是一个自然地理概念，更标志着上海古代文化的源泉与根系。

中国自古以来有"人杰地灵"的说法。在"九峰三泖"的青山绿水中，钟灵毓秀，人文荟萃，不少历史名人或生长于斯，或仰慕山水而前来"诗意栖居"。

春秋至三国时期，这里一直是君王御用的猎场，类似"皇家园林"。据目前所知上海最早的地方志——北宋《华亭图经》记载："吴王猎所有五茸，茸各有名，在华亭谷东。相传三国时吴王孙权在此行猎。"而上海现存最早的地方志——南宋绍熙《云间志》则云："吴王猎场在华亭谷，东吴陆逊生此，子孙尝所游猎，后人呼为陆茸。""五茸"意为多片草地，可见当地自古草木繁茂，多飞禽走兽，是上佳的游猎之所。

　　而说起三国大将军陆逊，就自然想到他的两位贤孙、松江最早的文化名人——"云间二陆"。兄长陆机，字士衡，吴郡吴县人，西晋文学家，文武兼备，被誉为"太康之英"。其手书《平复帖》，是现存年代最早并真实可信的名家法帖，号称"中华祖帖"。其名作《文赋》，是刘勰《文心雕龙》以外重要的文论文献，被看作魏晋南北朝文学自觉时代的先声，探讨了文学创作过程中出现的各种纷繁复杂的现象，对于后世文学理论有着深远的影响。其弟陆云，文才武功与乃兄齐名。松江的雅称"云间"，即源自他与颍川名士荀隐相互间的自我介绍："日下荀鸣鹤""云间陆士龙"。机、云兄弟二人，俱饮誉一时，引领西晋文坛。

　　"山不在高，有仙则名。水不在深，有龙则灵。"松江的九峰三泖，更是"江山代有才人出，独领风骚数百年"。宋元之间的著名女书画家管道升，松江人，与其夫婿，著名的书法家、画家、诗人赵孟頫，常相偕往来于九峰三泖间，交游酬唱，留下不少佳话。施蛰存《云间语小录》中曾说："吾松闺阁人才，以管仲姬（即管道升）为最早。"管道升擅翰墨词章，所写行楷与赵孟頫书风相似，难辨同异。手写的《璇玑图诗》五色相间，笔法妙绝。善画墨竹梅兰，又工山水、佛像。

　　元代著名的画家群体"元四家"也大多在松江生活、游弋过。"元四家之首"黄公望的代表作《富春山居图》妇孺皆知，被誉为"画中

《九珠峰翠图》

《九峰雪霁图》

之兰亭"。这幅国宝级名画与松江渊源甚深。其卷末题跋曰:"十年,青龙在庚寅,歜节前一日,大痴学人书于云间夏氏止知堂。"可知在元至正十年(1350),83岁高龄的黄公望在松江夏氏知止堂中绘毕此图,并书题跋。而他的另两幅名画《九珠峰翠图》《九峰雪霁图》则直接是在九峰三泖间畅游之余的作品。《九珠峰翠图》上有其好友、著名诗人杨维桢、王逢的题诗,分别有"老子嬉春三日醉,梦回疑对铁崖山""晴霏裔裔吹不断,下覆春水光溟濛"等句。可以想见,一众好友在此地四季悠游,流连忘返之景。黄公望的山水画笔法继承董源、巨然一派,又受赵孟𫖯熏染,融合自身对自然实景之感受。从中可以窥见九峰三泖的山水滋养与文脉传承。

黄公望的好友之一、元末文坛领袖杨维桢,在当时流寓松江的文士中最负盛名,与陆居仁、钱惟善并称"三高士"。他们生前在此结伴徜徉,写下不朽的诗文。杨维桢的《泛泖》诗、钱惟善的《三泖》诗等,都直接描绘了此处"西望沧茫""芙蓉九点"的清丽景象。

而元末另一位名士也同样选择在松江隐居终老,并直称此间为"世外桃源",他就是陶宗仪。他不受朝廷征召,隐居泗泾约60年,筑室"南村草堂",自号"泗滨老人"。峰泖山水令他目悦心赏,田园劳作让他快乐长寿。他在这里垦田躬耕,开馆授业,雅集交友,著书立说。陶宗仪曾向前来南村参加"真率会"雅集的文人高士介绍,松江"地接九峰之胜,尽可傍花随柳,庶几游目骋怀"。据说,他耕作之余即坐在田埂上读书,将心得体会随手记录在树叶之上,天长日久积累了数十瓮树叶,攒成《南村辍耕录》一书,记载了元代典章制度、艺文逸事、戏曲诗词、风俗民情、农民起义等史料，这就是"积叶成书"的由来。此外，我们熟悉的寓言《寒号鸟》、成语"持之以恒""得过且过"都出自他的手笔。

元末明初还有众多闻人名士，为避战乱或不愿出仕为官而寓居松江。除上述黄公望、杨维桢、钱惟善、陶宗仪之外，犹有张雨、朱舜水、饶介、倪瓒、贝琼、王逢、顾瑛，等等，皆一时名宿。他们在夏庭芝、曹知白、吕璜溪等松江当地乡绅大族的邀请和支持下，在这里创作、讲学，还时常结社雅集，举行"诗酒文会"。如夏氏的清樾堂诗酒文会，陶宗仪发帖召集的"真率会"，吕璜溪斥资组织的"应奎文会"等。这些"文会"，常常是跨地区的。例如"应奎文会"，是"走金帛聘四方能诗之士"来松江竞赛诗文，并由文坛领袖杨维桢作评委，产生了"一时文士毕至"的盛况，造成了"倾动三吴"的轰动效应。明代松江文人何良俊在《四友斋丛说》中对此总结道："吾松文物之盛，亦有自也。盖由苏州为张士诚所据，浙西诸郡皆战场；而吾松稍僻，峰泖之间以及海上皆可避兵。故四方名流荟萃于此。熏陶渐染之功为多也。"

"上海之根"饱结文化硕果

当地文雅士族与寓居名士间的良性互动，使"上海之根"愈加文采华发。在经历了有明一代的酝酿发展后，终于结成"云间书派""云间画派""云间诗派""云间词派"等文化硕果。

元末明初，松江书画已卓然成风。元末有曹知白、张梅岩、沈月

醉白池南廊碑石

溪、张可观等本土画家，亦有"元四家"、杨维桢、高克恭、柯九思等寄居、游历的高士。入明，松江籍书画家明显增加，知名者有顾谨中、杨礼、朱芾、朱寅、夏衡、马琬等。至明代晚期，以董其昌为首，陆深、何良俊、莫如忠、莫是龙、陈继儒等为主的"云间书派"，倡导发乎本源、自然性灵的书法艺术。"云间画派"则以明晚期画家沈士充为代表，与以董其昌代表的"华亭派"、以赵左为代表的"苏松派"共称为"松江派"。他们以感性自然的理念，皴染淹润的笔触，描摹出恬淡柔和、似幻似真的自然山水。九峰三泖的景致，无疑为他们提供了重要的心灵滋养与创作灵感。

云间诗派和云间词派统称"云间派"，是明末清初重要的文学流派之一，以"云间三子"陈子龙、宋征舆、李雯为首，著名人物还有夏完淳、钱芳标、董俞、蒋平阶等。他们结为"几社"，用作品和行动抵抗清兵暴行，捍卫家乡。在文学创作上也荡涤了明代文坛复古趋艳的风气，倡导雅正之风，往往借景喻时，抒发身世之悲、家国之痛。松江的青山秀水不仅能滋生避世忘机之心，同样能够唤起振臂疾呼、舍生忘死的民族大义。

在松江醉白池南廊间壁上，存有镌刻了明代 270 余年间松江忠、孝、廉、节、文章、理学之士 90 余人肖像的 30 块碑石，董其昌、陈继儒、陈子龙、夏允彝、夏完淳等粲然在列，风骨气度，垂范后世。"彼其之子，邦之彦兮"，千百年来于九峰三泖之间生长、栖居、书写、鼓呼的先贤志士，为深耕厚植"上海之根、人文松江"提供了深厚的文脉传承与隽永的精神滋养。

"云间第一桥"和"云间第一楼"

松江是上海最古老而繁盛之地。从通波塘到松东路，长约1500米的中山东路及周边区域，是旧时松江府、县治的中心区域。历代的战争尤其是日军的轰炸曾使这片区域成为废墟，中华人民共和国成立后，经过松江政府多年的发掘和保护，许多名胜古迹重新显露身影，焕发生机。虽然曾经流连停驻于此地的"风流人物"们已归入历史云烟，一些建筑古迹却依然坚定地矗立着，向后人不断诉说"上海之根"的厚重与辉煌……

"云间第一桥"见证辉煌"起点"

"云间第一桥"位于松江中山西路与玉树路交叉口，是南北走向的一座三拱石桥，跨古浦塘，名为"跨塘桥"。桥长40.5米，宽5.25米，高约8米，是松江现存最古老的桥梁。它位于古代松江府城最繁华的"十里长街"的最西端。"一甩甩到跨塘桥"，就是当地人对于远距离的常用形容，体现了它在人们心目中的地标意义。农历十五的夜晚满月当空，跨塘桥与静静流淌的河水交相辉映，金光荡漾，构成了一大胜景"跨塘乘月"。1998年，松江区首次评选"十二景"，"跨塘

跨塘桥

"乘月"便是其中之一。

松江现存最早的地方志——南宋《云间志》记载，此桥最初是木结构，称为安就桥。由于年久失修、舟楫过往等因素，致使桥梁险象横生。明成化年间，经松江知府王衡改建，形成目前的三跨石拱桥样式。当地人彭玮（成化年间大理寺寺正彭敷之父）作《云间第一桥赋》，洋洋洒洒 1100 多字，饱含赞誉，称其为"千载一时之盛事兮，增九峰三泖之辉光"，"为云间第一"。"云间第一桥"这个称呼也由此流传了 500 多年，直到今天。现存的这座三孔石桥的拱洞中石壁上，还清清楚楚铭刻着当年建桥捐款人的名字。

清康熙二年（1662），该桥又经过了一次大规模修理。咸丰十年（1860）四月，太平军与清军在此激战，"跨塘桥以东，尽成瓦砾"。同治十一年（1873 年）重修，在桥顶两侧栏石刻篆文"云间第一桥"

桥额，在东、西桥柱上处刻"南无阿弥陀佛"，祝福来往船只平安顺利。桥心的东西栏边石下刻有"云间第一桥""同治十一年募捐重修"，字体为楷书，古意盎然。桥墩属于薄墩，修长挺立，把桥洞衬托得很大，桥墩中间各立有对联石，上接于桥斗。

中华人民共和国成立后，党和政府重视文物保护工作，赓续"松江记忆"与历史文脉。1985 年 7 月，云间第一桥被列为松江区文物保护单位。1986 年再次大修时，除桥拱仍用青石纵联分节并列起券外，桥面石阶与桥栏均改为花岗石。

松江古代交通以水运为主，跨河桥梁不计其数，而这座桥梁能够被称为"云间第一桥"，自有其独特之处。

其一，它是古代松江的一个"地标"。自宋代以来，这里的交通日益繁忙，人来人往，络绎不绝。官府即在该桥桥堍设置驿站，作为南来北往之人的留宿之所，后改为"接官亭"。当时凡来松江赴任、巡察和途经的官吏以及各地文士等均从此桥堍离船登岸，乘轿进城。他们在离开松江时，城中大小官吏及亲朋好友，也均送行至此桥处为止，或在亭内拱手话别，或上桥头把酒饯行，留下诸多诗篇收录在志书里。如宋代诗人陆蒙就曾在此题诗："路接张泾近，塘连谷水长。一声清鹤泪，片月在沧浪。"

其二，它是明清松江漕运的起点。明代松江府是全国 33 个主要大城市之一，也是著名的稻米之乡。明清时期，松江府须每年向北京缴纳贡米一百二十万石（合今 10 万吨）。而古浦塘与南北大运河相通，雄伟的跨塘桥则是起运贡米必经的第一座大跨径桥梁。该桥的所在地古称"仓城"，正是粮食储存与转运的重镇。当地有这样的俗语："古城松江十里长街，东有府城，西有仓城"。仓城，因水而兴，由"仓"而盛，是明清松江城市发展的重要见证。

陈子龙纪念馆

其三，它是松江历史的见证者。历史上这里是陈子龙的殉难地、康熙南巡上岸处。明末抗清志士陈子龙被捕之后，在解送南京的途中，乘船经过跨塘桥附近时，毅然投水明志，壮烈殉国，并将手执囚绳的两个押送清兵一并拉入水中淹死。陈子龙是土生土长的松江人，不仅是著名的抗清英雄，还是重要的文学家，被后世誉为"明代第一词人"，具有多方面的杰出成就。后人为了纪念陈子龙，在桥边修建了一座祭江亭。清康熙四十四年（1705）和四十六年（1707）春，康熙皇帝两度南巡，舟抵松江，都在跨塘桥上岸。这些轶事也正说明了跨塘桥及"仓城"的历史地位。

在松江区对于历史文化名城的重视和保护下，如今的仓城风貌区历经沧桑而古意犹存。风貌区内遗存有市、区级文物保护单位及保护点 127 处。除了"云间第一桥"，还有杜氏雕花楼、大仓桥等极具特色和传统风貌的历史建筑，彰显着松江作为上海历史文化发祥地的深厚底蕴。

2005 年，上海市人民政府批准《上海市郊区及浦东新区历史文化风貌区范围》，仓城历史文化风貌区名列其中，成为上海市 44 个风貌区之一。2019 年，随着"五大新城"之一松江新城的深入规划，《仓城历史文化风貌区修建性详细规划》又进行了新一轮的调整，将仓城分为历史文化展示区、传统生活休憩区、商业休闲购物区、水乡文旅度假区、创意文化产业区、美好生活体验区六个区域进行改造，进一步将仓城打造为外观精致婉约、内涵深厚有趣、富有江南水乡风韵的综合性历史街区和旅游目的地。

"云间第一楼"留驻府城气势

"云间第一楼"位于今松江区中山东路 250 号，现为松江二中的校门。该楼年代久远，规模宏大，是松江在历史上长期作为上海地区政治中心的重要象征。

"云间第一楼"始建于宋代，当时是华亭县署门楼。分上下二层，下为门（即城门），上为楼。元代至元十四年（1277 年），升华亭县为府，"即县为治"，该楼也被改为府署谯楼。所谓谯楼就是瞭望楼，楼上放置有大鼓来传达信息，因此也称为门楼、鼓楼。

元至元三十一年（1294）至元贞元年（1295），谯楼经松江知府张之翰主持重建。元大德五年（1301），知府周维惠迁楼于外。至正六年（1346），谯楼遭火灾，至正九年（1349）重建。当时楼高 23

"云间第一楼"原貌

如今，这座"云间第一楼"是上海市松江第二中学的校门

米，面阔三间，重檐歇山顶。《元重建谯楼记》云："楼凡四楹，其高七十尺，视其旧有加。其下壁叠固密，广通轩豁，重檐上飞……"明成化年间，知府王衡放置铜壶滴漏在楼上，当时分派有专人来管理。早上的卯时（七八点钟），是衙门、军队点名的时间，即所谓"点卯"。傍晚酉时末戌时初，叫二更天，谯楼上的值班人员击鼓或鸣炮关闭城门。明弘治十二年（1497）和天启年间，都曾再修该楼。明末崇祯年间，徐光启的孙女甘第达从国外引进了松江历史上第一只自鸣钟。不久，松江巧匠徐翊溇对其进行研究揣摩，最终模仿并创新制作出一只鹤漏自鸣钟，送给松江府知府。知府命人将钟挂在这座"云间第一楼"上，由此开创了上海地区用自鸣钟计时的新篇章，结束了铜壶滴漏的历史。

清顺治元年（1644），清军下江南，打进松江时，谯楼毁于战火，仅存台基。顺治十六年（1659），谯楼在元代台基上重建。康熙年间重修，并在台基南侧增建榜廊。乾隆年间又做过较大规模的修缮。修缮后的谯楼占地 340 平方米，台基高 6.4 米，中间填土夯筑，四周砌砖。楼阁为重檐歇山顶，面阔三楹，总高约 16.6 米。旧时松江城内房屋以两层居多，该楼实为全城第一高楼，松江古称"云间"，故称之为"云间第一楼"。清道光年间，特书"云间第一楼"匾额悬于楼上。清人叶梦珠在《阅世编》中称誉此楼："松江之丽谯，最为巍焕。"

20 世纪 30 年代初，松江县县长金庆章募款再次重修此楼，立横额"云间第一楼"，又竖《重修云间第一楼记》石碑。该楼在抗日战争期间遭日军破坏，仅存残架，至新中国成立时已破败不堪。1951 年，楼阁毁于台风，仅剩残砖碎瓦和台基。1994 年，松江县政府对台基进行了保护性修缮。1999 年，松江区政府组织了"云间第一楼"复原大修，2000 年 6 月 18 日竣工。此次重修的门楼建筑风格是我国传统的双重檐歇山顶式，楼面阔五间，全部用柱子撑起。清水砖墙，翘角飞逸，古色古香。新的"云间第一楼"黑底金匾额为松江籍书画大家程十发题写，挂在楼上方中央，在阳光照耀下闪亮夺目，彰显了煌煌府城的宏伟气韵。

如今，这座"云间第一楼"是上海市松江第二中学的校门。这所学校的前身是清乾隆年间创办的云间书院。清光绪三十年（1904），全国推行新学，松江贤达将"云间书院"议改为"松江府中学堂"。1959 年，松江县划归上海市管辖，学校更名为上海市松江县第二中学，简称"松江二中"，当年即被列为上海市首批重点中学。以古城门为校门，体现了对中国古代"立德树人"优良传统的继承。经过百余年的发展，松江二中日渐成为知名的"古城名校"，涌现了如丰子恺、施蛰存、程十发等众多杰出校友，名家辈出。

以"云间第一桥""云间第一楼"为代表的松江文物古迹还有很多，如目前上海现存最古老的地面建筑唐代陀罗尼经幢，"江南最秀美的佛塔"北宋兴圣教寺塔，为康熙帝游赏白龙潭打造的护龙桥以及圆应塔、东岳行宫、醉白池等，它们连接着古今，跨越了时空，见证过府城繁华和沧桑，一定也期待见证松江的时代新貌！

"县东十八镇，泗泾第一镇"

松江区泗泾镇是一座具有悠久历史和深厚底蕴的千年古镇，自古以来就是粮米集散中心、历史文化名镇，明代著名文学家陈继儒称它为"云间鱼米福地""松郡商贾名邦"。

"云间鱼米福地" 贤才代出

北宋年间，泗泾因得水土之利，已有农民、渔民在此筑屋定居，形成村落，初名"会波村"。至元代中期已发展为集镇，属松江府娄县治下，因通波泾、外波泾、洞泾、张泾四泾之水汇集于此而称泗泾塘，镇名也由此而来。元至正三年（1343），里人王贵卿在泗泾塘上建造了一座九孔石桥，名泗泾桥。其时泗泾镇的框架和市面已基本形成，人气渐旺。此后，泗泾镇一度成为华亭县重要的粮食集散地和水产交易中心。明代中叶，这一带商贾云集，水运繁忙，人流结聚，市镇得到了很大扩展，泗泾塘南北两岸码头相连，房屋鳞次栉比，大小商店林立，佛寺道观众多。明万历年间，镇上相继建成普渡、福连、武安三座三孔拱形石桥，将泗泾塘南北两片连成一体。至清代中叶，泗泾镇的粮米和水产交易进一步发展，镇北铺成石板大街。清末民初，镇区又有了较大扩展，镇上开设了糟坊、酱园等手工作坊。此后，酿造、竹木行、米行、米厂四大行业逐步成为泗泾镇经济的四大支柱。明清之际的泗泾镇已进入松江府大镇之列，松江有民谣道："县东十八镇，泗泾第一镇。"还有"三亭不及一泾"的说法，称泗泾镇比它周边的亭林、安亭、望亭都更为繁荣。泗泾塘西岸车船辐辏、商铺林立，当铺、百货、珠宝、染坊、雨具、刀剪、山货、水产、竹木、家具、漆器、陶瓷、古董、杂货等各式店铺相连，生意十分兴隆。书场、浴室、饭店、茶馆等服务业也竞相开设。小有名气的汤团、粽子、摊粉、菰（荷叶）包、豆腐干、熟幺菱、浇切糕、白切羊肉、软香糕、赤豆糕、糖芋艿、釜底山芋等风味小吃和土特产吸引着众多百姓。

千年以来，此地的先贤们也给泗泾留下了不少人文景观、历史名迹。最有名的要数元代的陶宗仪。元代末期（约1348年前后），他受朝廷征召而不仕，为避兵乱，携家迁居泗泾，筑"南村草堂"耕读为生。传说他在田间耕作之余，摘树叶书之，储存瓦罐中，埋在树根下，多年后取出，整理成书，名为《南村辍耕录》。不论此番成书过程

《南村辍耕录》

是否真实，该书的内容确实博大精深。书中记录了元代宗室世系、氏族、典章、掌故等珍贵史料，还保存了诗词、戏曲、钱币、碑志、法帖等多方面的资料。上海博物馆还藏有陶宗仪的学生杜琼根据乃师留下的《南村别墅十景咏》而绘成的册页。

如今，泗泾镇上保存较为完整的的历史名人故居有两处：一处为马相伯故居，另一处是史量才故居。

马相伯是复旦大学的创始人兼第一任校长。位于泗泾的故居是他家祖传住宅。现有房屋三进，临街两层小楼是新建的，第二进是原来的茶厅，室内布置朴实无华，现陈列马相伯的生平事迹。

史量才，1880年1月出生于南京江宁县。7岁时，随父亲迁到松江泗泾，入籍娄县，光绪二十五年（1899）中秀才。之后史量才涉足新闻界，成为著名的社会活动家。他在泗泾的故居原是清代建筑。1924年，他将宅第翻建为中西合璧的走马楼。下为厅堂，上有卧室、书房，前有门楼，后面的平台是屋顶花园。整体布局清丽雅致，富有书卷气。现在，故居内陈列有史量才的生平事迹以及相关名人题词等，展示了他的"国格、报格和人格"，富有教育意义。

历史风貌文化重焕光彩

泗泾虽是千年古镇，但是所剩的古迹不多。近年来，当地政府重新修整泗泾老街，新建了一些仿古建筑以传承古韵，成为了解泗泾历史的上佳去处。如今的老街大门口，古牌楼已整修一新，"泗泾古

史量才　　　　　　　史量才故居

镇"四个苍劲有力的金色大字用魏碑书法刻写，彰显名镇底蕴。老街入口处的安方塔，八角七层，顶层供奉有释迦牟尼佛像。它与武安桥、福连桥、普度桥一起，构成了这块风水宝地的"三弓（桥）一箭（塔）"，取旧时当地民谣"三弓一箭安一方"之寓意。

文化路上有福田净寺，该寺前身为北宋大中祥符年间始创之东田寺，至20世纪50年代犹有残存。2000年，由松江佛教协会提议，得市、区两级政府支持重建，并易名"福田净寺"，而安方塔亦归属管理，冠名"福田安方塔"。寺庙重建亦是国泰民安之佐证。

文化路上，原史家经营的"泰和堂"中药店宛然犹存，几家老宅也已面貌一新。曾经的管氏宅被改建为"新华书店·南村映雪"；程氏宅则变身一间茶馆，展示茶文化、茶艺表演等；孙士林宅成为上海交通大学建筑遗产保护教学与科研基地，有展厅展示各类古建筑的构建、木料、技法等。完成修缮的丁蒋陆"新三宅"也已导入小林漫画、古琴馆等文化业态。"三宅又一生"文化文创综合体获"上海市民家门口的好去处"称号，作为文物建筑焕发新生的成功案例被推荐到国家文物局。史量才故居、马相伯故居则入选《上海市第一批革命文物名录》，并分别与上海报业集团、复旦大学合作，完成功能改造与提升，更加突出爱国这一主题。

泗泾镇的现代发展也颇为良好，2004 年被国家列为上海地区 14 个重点镇之一，2005 年被列为"上海市郊区历史风貌文化区"，2020 年荣获"上海市文明荣誉镇"称号。在最新一轮松江新城规划中，泗泾镇也被划入其范围，古韵新章，未来可期！

"三宅又一生"文化文创综合体获"上海市民家门口的好去处"称号，作为文物建筑
焕发新生的成功案例被推荐到国家文物局

"江上往来人，但爱鲈鱼美"

养殖成功的松江四鳃鲈鱼

提到沪上美食，除了广为人知的大闸蟹，还有"久闻其名、未食其味"的松江四鳃鲈鱼。松江四鳃鲈鱼的美味自魏晋时代以来传扬已久，《续韵府》中就有"天下鲈鱼皆为二鳃，唯松江鲈鱼有四鳃"的描写，突出了四鳃鲈鱼的与众不同之处：传说吕洞宾在云游四海时来到松江，在品尝过鲈鱼后甚是满意，便向店家讨来毛笔和朱砂，为后厨的鲈鱼多画上两条"鳃线"后放生，从此松江的河道里便多了这小小的"四鳃鲈"。别看它个头小，却有着"江南第一名鱼"的美称，以四鳃鲈为食材而制作的"鲈鱼脍"、鲈鱼羹等菜肴，也有着"东南佳味"的美誉。

至鲜至美，松江鲈鱼天下知

《吴郡志》中记载："鲈鱼，生松江，尤宜脍，清白松软，又不腥，在诸鱼之上。"对四鳃鲈评价甚高。松江四鳃鲈鱼肉嫩滑肥美，不沾腥气，也没有恼人的细刺，滋味美妙绝伦，是野生鱼类中最为鲜美的一种，也是中国自古以来的四大名鱼之一。在古代，这种鱼数量稀少，只出自松江县西门外秀野桥下，是外地人接触不到的珍品佳肴。《后汉书·方术列传·左慈》中记载，曹操在大摆宴席款待宾客时就曾感叹："今日高会，珍羞略备，所少吴松江鲈鱼耳。"——虽然桌上都是山珍海味，可唯独缺少了四鳃鲈这道名菜，吃起来总觉得少了些滋味。台下的左慈听见后，便请人给他一支钓竿与一个盆，从空盆中凭空"钓"出一条四鳃鲈，惹得满座宾朋惊叹不已。连尝尽天下美味的曹操都对四鳃鲈鱼的滋味念念不忘，可见四鳃鲈鱼的鲜美与珍奇。

四鳃鲈滋味之鲜美，不仅让曹公永生难忘，也让历朝历代的文人墨客为之折腰。关于四鳃鲈最为知名的典故，莫过于"莼鲈之思"这个成语了：西晋文人张翰本在洛阳为官，见到秋风渐起，不由地思念家乡的莼菜和四鳃鲈，写下了《秋风歌》——"秋风起兮佳景时，淞江水兮鲈鱼肥；三千里兮家来归，恨难得兮仰天悲"，结果他越想越馋，最后竟然因此抛下官职，回去做老百姓了。愿意为一口四鳃鲈，放弃追求一生的功名利禄，说他是青史留名的"吃货"也不为过。

张翰不是唯一痴迷于四鳃鲈之味的名人，那些有幸品尝过四鳃鲈的人，就没有说它不好吃的。李白、杜甫、范仲淹、陆游等人都曾通过作文、咏诗的方式赞赏过四鳃鲈，更留下了范成大"雪松酥腻千丝缕，除却松江到处无"和杨万里"白质黑章三四点，细鳞巨口一双鲜"这样的名句；乾隆皇帝下江南时，也吃过松江鲈鱼做成的菜肴，吃完后龙颜大悦，称其为"江南第一名鱼"。有了皇上的实名认证，本就昂贵的四鳃鲈身价又翻了几番。四鳃鲈经典的吃法就是和莼菜搭配。莼菜是多年生的水菜，八月恰好是其脆嫩可口之时。将四鳃鲈切丝，用莼菜嫩叶作羹，荤素之味相得益彰，味道极其鲜美。白居易在苏杭两地任职刺史时，对四鳃鲈莼菜羹情有独钟，多次写诗称赞它的美味。最为知名的便是《想东游五十韵》中的"鲙缕鲜仍细，莼丝滑且柔"，四鳃鲈与莼菜的美名也由此诗而变得广为人知，深入人心。

地利人和，秀野桥下的奥秘

天下产鲈鱼的地方那么多，为何只有松江秀野桥下的四鳃鲈闻名全国呢？根据历史的考证，四鳃鲈并非生于松江，它们大多来自东海海域，途经江河湖海，汇集到秀野桥下，稍作休憩后再度出发，进入其他河道。当它们进入秀野桥下时，正是最为肥美的秋季，鱼体也在漫长的旅途中屡经锤炼，变得爽滑可口、鲜嫩无比。可是，如果在此时捕捞食用，是品尝不到太多肥美滋味的。因为鲈鱼的油脂，正是在秀野桥下生活时积累起来的，这一过程离不开秀野桥一带独特的河道生态、建筑构造与商业发展。

秀野桥位于现在的松江区永丰街道，曾经是一座木拱桥，在明朝洪武年间改建为一座石拱桥，并一直保留至今。每逢黄浦江来潮，这里的河道便会奔涌起来，使得肥物麇集，成为水生动物的天然温床。此外，古代的松江乃是沿海地域商业发展重地，店铺林立，人声鼎沸，往来商贾络绎不绝。有了庞大稳定的客流，许多餐馆便在此扎下根来，为往来行旅提供各地美食。每到傍晚时分，生活在桥边的居民和厨子都会把残羹剩饭往河中倾倒，把水中的蚊虫喂肥，吸引鱼虾前来；而远道而来的四鳃鲈鱼又把汇聚于此的鱼虾吃个精光，化作让食客垂涎的美味油脂；四鳃鲈歇息的石拱桥水下被池水侵蚀而成无数天然石缝与洞穴，简直就是四鳃鲈生活的天堂。日复一日，四鳃鲈鱼们只须等待鱼虾送上门来，饱餐一顿后便回石缝中歇息，短短一个月，四鳃鲈鱼的体重就可以翻个两番，肥美也达到巅峰，成为令人唇齿留香、钟情一生的绝世美味。

四鳃鲈圆润之日，便是渔工出船之时。捕四鳃鲈多在傍晚时分，趁四鳃鲈觅食时将其一并捕获。常见的捕具是细密的渔网，但四鳃鲈身手敏捷，渔网的打捞效果并不好；专业一些的渔民会在河道的关键处安置一种名为"迥龙簖"的迷宫状捕具，把往来的四鳃鲈带入没有出口的网兜之中。在渔民的辛勤作业下，每逢汛期都有大量新鲜四鳃鲈上市，价格不贵，本地老百姓也能尝尝鲜；可汛期一过，大量四鳃鲈离开秀野桥后，四鳃鲈的价格就蹿升至百倍之多，成了富贵人家专享的口福，老百姓便无缘问津了。

多方协力，四鳃鲈重现于世

虽然四鳃鲈闻名全国，但是从 20 世纪中叶以来，松江出产的优质四鳃鲈数量一直都在下滑——在 50 年代的秋季汛期，四鳃鲈的捕获量可达万斤之多，松江的长寿老人们或许还保有儿时品尝四鳃鲈的记忆；可到了 70 年代，人们便基本捕捞不到四鳃鲈了。

四鳃鲈之所以消失，不外乎两大因素——过度捕捞与环境污染。此外，堤坝的修建与河道的改造在一定程度上对四鳃鲈的迁徙之路产生影响，使得四鳃鲈洄游困难，集结于松江的四鳃鲈几近于无……种种因素叠加，最终导致了今日四鳃鲈难觅的局面。

在四鳃鲈消失的过程中，也曾有有识之士试图挽回危局——在渔业生产大跃进时期，松江城北渔丰渔业社的渔民余明出于对四鳃鲈物种存续的担忧，在自家鱼塘养了 153 尾小四鳃鲈，开始探索人工驯养四鳃鲈的可能性，最终收获 46 条成年四鳃鲈；1973 年，上海水产研究所研究员薛镇宇同复旦大学、华东师范大学以及松江畜牧水产局等单位的科研人员联合组建课题组，克服了扶苗人工投喂的难关，将四鳃鲈鱼苗成活率提高到 32%；1991 年，复旦大学生物系韦正道、王昌燮又通过人工授精的方法获得了四鳃鲈的仔鱼，又在 1995 年用其孵化出第二代仔鱼，取得了极大的突破。遗憾的是，人工饲养环境始终难以完全替代复杂多样的自然环境，无论产量还是质量，这些人工培育的四鳃鲈也始终达不到人们期盼的结果。

为重新打造松江四鳃鲈鱼的金字招牌，2000 年以来，在治理水污染、严打非法捕捞的同时，水产部门一直与科研单位合作，寻找野生四鳃鲈，比如复旦大学曾组织过"寻找松江鲈鱼踪迹"大型考察活动，走遍中国东南沿海地区后发现了数十条野生四鳃鲈，并以此为中心开展四鳃鲈的人工饲育研究。2010 年年初，经相关部门许可，四鳃

今日松江秀野桥

鲈终于在首届松江四鳃鲈科技文化节上亮相，主办方特别邀请了曾为尼克松总统烹制国宴的厨师与学徒，为现场来宾烹制名菜"八珍鲈鱼脍"；不久后，四鳃鲈又走进中国 2010 年上海世界博览会，成为款待各国政要与贵宾的佳肴。尽管目前还无法实现四鳃鲈的充足供给，但随着培育技术的不断发展，相信四鳃鲈一定会重返餐桌，成为广受百姓喜爱的寻常美食。

烟云雅意话"顾绣"

　　"顾绣"俗称"画绣",因由明嘉靖三十八年(1559)松江府进士顾名世家族的女性眷属创造、发展和推广而得名,流传至今400余年。顾绣以名画中的山水、花鸟、人物等作为摹本,绣绘结合,以绣代画,是它的最大特点。明代松江画派代表人物董其昌对顾绣极为赞赏,称之"望之似书画,当行家迫察之,乃知为女红者","精工夺巧,同侪不能望其项背"。古典文学名著《儒林外史》《说岳全传》等都有关于顾绣的记载。400多年来,顾绣以技法精湛、形式典雅、艺术性极高而闻名于世,是上海地区的文化艺术瑰宝。2006年,顾绣被列入第一批"国家非物质文化遗产名录"。

精气神造就"顾绣"神话

　　顾绣的神奇,首先在于技艺之精绝。以出神入化的用针用丝,将绣技、画理完美结合,针法繁复,运丝如笔,配色柔雅,又间以淡彩晕染,颇具绘画之神韵。从技艺上来说,顾绣有"三绝":

　　一绝,擘丝细过于发。顾绣选用蚕丝线,俗称"擘花线",须将一根线剖成若干股线,才能用来刺绣。一剖为二为二分之一,再剖为四分之一，以此类推。最细需要用到三十二分之一的线，比头发还细。

二绝，针如毫。顾绣所用到的 12 号针，针尾细度不到 1 毫米，近似毫毛。且做工精细、技法多变。仅针法就有施、搂、抢、摘、铺、齐针以及套针等数十种。

三绝，配色有秘传。顾绣用色古朴淡雅，多运用中间色、晕色，总共有 1500 余个色号。色级和色阶更加丰富，使所绣的内容色泽更自然和谐、层次丰富。甚至有纯以墨代色的绣品，将中国画中"焦、浓、重、淡、清"的墨色运用通过针线体现了出来。当线材的色彩不够使用时，绣者不惜用笔在线上染色，绣、绘并用，力求逼真于原稿。

然而，顾绣真正的精髓并不仅仅在这"三绝"上，更体现在书画底蕴、文人气质和刺绣技艺的精妙结合，以及中国人历代传承的"工匠精神"。一幅顾绣绣品，往往要耗时数月才能完成，所绣的山水、人物、花鸟均精细无比、灵动精妙。倘若离开了气韵与精神，即便技艺再精湛，也只能是"绣画"，而非"画绣"了。

传承人赓续"顾绣"辉煌

顾绣为顾氏家族数代人智慧和辛勤探索之结晶。在有关资料中，可查考的杰出代表是顾缪氏、韩希孟、顾兰玉三位女红大家，她们把唐宋以来的绣艺推向新的高峰。

韩希孟绣《洗马图》

其一是顾缪氏，名缪瑞云，顾名世长子顾汇海之妾，顾氏家族刺绣最早的开创者。她以绣艺描摹字画，开"画绣"之先河。缪瑞云自幼便学习刺绣，刺绣技艺十分精湛，进入顾家之后更是观摩了不少名家的画作，后又将名家画作融入刺绣中，达到了"画中有绣，绣中有画"的境界。

其二便是略迟于缪氏的韩希孟。韩希孟是顾名世次孙顾寿潜之妻，论辈分，她可能还要喊缪氏一声"婶母"。史称韩希孟精通六法，工书善画。同时，她的丈夫顾寿潜是松江画派宗师董其昌的弟子，婚后深受其夫绘画审美的影响，用多变的刺绣针法和色彩丰富的丝线来演绎华亭画派的画理。当时松江文化名人们称韩氏为"韩媛"，其作品被称为"韩媛绣"。故被称为"顾绣第一人"。她的作品《宋元名迹方册》现藏于故宫博物院。《花卉虫鱼册》现藏上海博物馆。

其三是顾兰玉（一说名顾玉兰），是顾名世的曾孙女。顾兰玉能诗画，擅绣艺，相传其绣技不在韩希孟之下，有"清初才女"之称。她出嫁时，顾家家道已中落。不幸的是，顾兰玉嫁给廪生（廪膳生员，科举制度中生员名目之一。明清两代称由公家给以膳食的生员。又称廪膳生）张某后没几年，在 24 岁时便守了寡。为了生计，她不得不以绣艺贴补家用，抚育儿子。同时，她设幔授徒，将顾绣技艺传播开来，使得顾绣名声大噪。在某种程度上，以缪氏、韩希孟、顾兰玉为代表的顾绣三代女性，她们的独立个性、审美素养、品性行为成就了顾绣的辉煌。

新时代赋予"顾绣"新生

新中国成立后，在"百花齐放，推陈出新"方针的指引下，特别是在 1972 年周恩来总理发出"挖掘传统工艺美术品"号召后，松江工艺品厂积极响应，聘请了民间顾绣艺人戴明教女士授徒传艺，恢复顾绣生产，将这门技艺持续发扬光大。经过多年的努力，顾绣恢复生产并走向市场，尤其受到海外人士的重视、喜爱，绣品远销英、美、日、德、意等国家。如今，顾绣已被列为首批国家级非物质文化遗产

松江顾绣工作室戴明教师傅在授艺

项目，它在传承中国传统文化的同时，也逐步走入艺术品收藏市场，越来越多的收藏爱好者开始重视顾绣的价值，而为了避免规模化、产业化的大肆发展，顾绣多以工作室的模式经营，收藏爱好者直接向顾绣技师定制绣品。这样的模式不会再让顾绣变得粗制滥造，反而会保护它"画绣"的真谛，使顾绣能在艺术品市场上长足发展。

2006年，松江岳阳街道成立顾绣研究所，由顾绣代表性传承人之一钱月芳女士亲自带教，已教出一批优秀的绣娘，使松江这种特有的技法得以传承。2016年，顾绣走进上海工程技术大学服装学院，传承与创新应用有了更广阔天地。

顾绣是古代松江地区经济、文化、艺术高度发展的产物，也得到

"松江书派""松江画派"的长期浸润滋养，是海派文化、江南文化当之无愧的经典成果之一。其蕴含的独立个性、追求卓越、创新求变等诸多精神特质，与上海这座城市特有的人文精神息息相通。顾绣，在松江的土地上，历经兴衰沉浮，却依然守望传统，坚持特色。它的沉稳并没有让它销声匿迹，而是散发出更为惊艳世人的魅力。

《平复帖》走向世界

书法是松江的标志性文化之一，其源流可追溯到西晋时期。松江书法史上最早的书家，是西晋时期"少有异才、文章冠世"的文学家、书法家陆机。唐太宗李世民曾亲笔撰写《陆机传论》，给予他"百代文宗"的极高评价。陆机所书《平复帖》，是我国目前存世最早的一幅书法真迹，现藏于故宫博物院。

"天下第一帖"流韵千年

这是陆机写给友人的一封书信，询问友人身体是否康复，因开篇一句"彦先嬴瘵，恐难平复"，故得名《平复帖》。它用秃笔写在麻纸上，共九行86字，因早于王羲之的《兰亭序》50年并有实物遗存，书法功力不凡，而被后人誉为"天下第一帖""祖帖"和"皇帖"。《平复帖》介于"章草"与"今草"之间，是两者过渡时期的典范之作。章草到今草的转变，曾经历了一个长期的过程。陆机的这篇《平复帖》有幸流传至今，成为这一转变的重要见证。该帖笔意婉转，风格平淡质朴，是中国传世最早的名家法帖。古人评其曰："无一笔姿媚气，亦无一笔粗犷气，所以为高。"

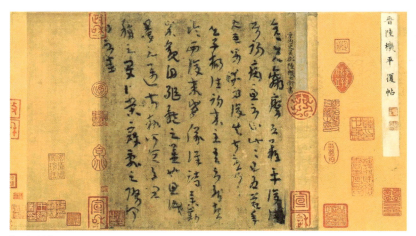

《平复帖》

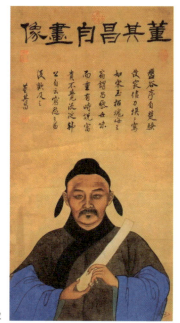

董其昌自画像

陆机既是松江文化的骄傲，也是松江的人文鼻祖，不仅对千百年来的中国书法发展产生了深远的影响，而且在江南文化发展中留下了怀古而仰的松江墨迹。

作为陆机的故乡和出仕前的隐居之地，松江有着1700余年深厚的书法历史传统。自"二陆"以后，松江书法，代有才人，可谓源远流长。特别是从元代起，一批文人墨客或盘桓、或寓居松江，他们设馆授徒，著书立说，交流书艺，对松江书法的发展产生重大影响，促进了松江书派的形成。书法家赵孟頫、书法史家陶宗仪、书画家董其昌等，均名重一时。

明代松江书坛堪为当时书坛的风向标，引领中国书坛三四百年的"云间书派"就诞生在这里，其发展亦有起伏。明前期，以松江籍及在松江地区活动之书家如杨维桢、宋克、沈度、钱溥、张弼等为主导；明晚期，松江籍书家再度兴起，以董其昌为核心，涌现了莫是龙、陈继儒等书法大家，享誉书坛。特别是董其昌的大字行草书法，影响遍及海内外，自称一派，到了清代，还深得康熙皇帝的喜爱。受董其昌的影响的沈荃"楷行书"以及张照的"馆阁体"书法，在"康雍乾"盛世宫廷中广为流行，甚至成为御书代笔。"云间书派"影响绵延三百余年，成为松江文化艺术的显著特色。

"中国书法城"走向世界

2012年，松江被中国书法家协会命名为"中国书法城"，也彰显了她作为《平复帖》"祖帖故里"影响力。

《平复帖》虽有极高的艺术价值和历史地位，但其社会公众的认知度有待提升；而松江作为"祖帖故里"的文化地位也有待进一步宣传。为此，松江区做出了一系列的努力。

2009年10月，上海松江举办"平复帖"杯国际书法篆刻大赛及入选作品展览，同时举办《平复帖》暨'二陆'文化"国际学术研讨会。2013年举办第二届"平复帖"杯国际书法篆刻大赛。这两届大赛都得到全球各地书法家和书法爱好者的热烈响应。四年两届征集投稿总量超过8000件，成为一时书坛盛事。

2018年秋，"祖帖故里 云间墨韵——上海松江书法晋京展"在北京中国美术馆举行。这次展览共展出松江书法史上重要书家的书法、信札、篆刻、碑刻以及实物文献等共139件，涵盖董其昌、陈继儒、程十发等松江古今书法家的优秀作品，围绕以董其昌为代表的明清"云间书派"的传承与发展，采用视觉化的方式，呈现1700余年松江书法发展脉络与轨迹。其中，既有"二王"书体开创新规之前的先声，也有宋元文人书体变革的印记；既有明代文人书法的蔓延，也有明末"云间书派"的集大成；既有清代馆阁体的应时而出，也有清中后期碑学风潮下新格局的滥觞；既有近现代书画大家的汲古出新，也有当代书家的翰墨幽香。

上海松江书法晋京展是上海古文化发祥地松江"云间书派"研究型展示的当代延伸，是人文松江"书画文化建设工程"重要组成部分，也是"海派书法晋京展"的第三回。这次展览，展品种类之多样，艺术风格之多元，是松江深厚文化积淀的一次重要展示，也夯实了"中国书法城"的基础，拓展了海派书法的影响力度，打响了上海文化品牌。

2019 年，"平复帖"杯国际书法篆刻大赛再启赛程。本次大赛巩固了"祖帖故里"的文化地位，擦亮了"上海之根"的文化名片，是建设"人文松江"、打响"上海文化"品牌战略的重要举措。

在近三个月的时间里，组委会共收到来自 12 个国家和地区投稿作品 2551 件，来稿形式涵盖了楷书、隶书、行书、草书等，内容包括古今诗、词、赋、文、联等，更有书写上海文化、上海之根的自撰诗文闪亮登场。最终，专业评审以无记名投票方式，经过初评、终评和抽查面试，评选出 200 幅作品在中华艺术宫展览并评奖，其中一等奖 5 件，二等奖 10 件，三等奖 15 件。入展作品入编《第三届"平复帖"杯国际书法篆刻大赛作品集》，于 2019 年 12 月由上海书画出版社出版。

该次展览展出了入围作品、获奖作品、评委作品、特邀作品等230 余件，在中华艺术宫展出至 12 月 30 日。2020 年 1 月，主办方精心遴选参展作品 230 余件和松江区青少年"平复帖"杯书法大赛作品及董其昌、程十发书法作品 70 余件，亮相松江美术馆，更好地展示和普及书法篆刻知识，弘扬中国传统书法篆刻艺术，让观众感受江南文脉。

　　大赛收到的投稿如此之多且地域如此之广泛，可见人们对于《平复帖》的认可，对于举办了三届的"平复帖"杯国际书法篆刻大赛的认可，以及对于松江这块土地书画底蕴的认可。松江也借着"平复帖"杯，致敬经典法帖，传承历史文脉，展示书坛新气象，弘扬中国传统书法篆刻艺术。《平复帖》走向世界，也是当代松江书法影响力扩大的一面镜子，它夯实了"江南文化"的醇厚基底，传扬了中华民族的文化艺术。

　　如今，"二陆"兄弟的离去已有 1700 多年，但他们在文坛书苑所

九峰源书法广场"华亭'二陆'读书"塑像

留下的宝贵真迹仍旧影响着世人。轨道交通 9 号线松江大学城站的九峰源书法广场有"华亭'二陆'读书"塑像和《平复帖》卧碑。还有松江小昆山、天马山的"二陆"草堂、"二陆"读书台等，都不断向世界展现着这两位先贤留下的丰厚文化遗产……

人民新城，时代领航

卫星城的辉煌

提到松江城，就不得不提它的"卫星城"时代，那是一代松江人难以忘却的记忆。

萌芽:《大上海都市计划》的制定

抗日战争胜利不久，上海建设卫星城的计划就开始酝酿。1945年8月，日本帝国主义投降，抗战结束，国民党重返上海，恢复了上海市政建置。为适应上海战后的重建与发展，以应对上海未来城市空间扩张的需求，国民党上海市政府在重建之初就命令工务局围绕此话题开展研究，1946年8月，国民党市政府成立"都市计划委员会"，以"50年需要为期"规划上海城市发展布局，先后制定了以《大上海都市计划》(初稿)为代表的一整套上海城市建设规划，其中就提出在中央城区周边设立"新城区"，起到疏散中心人口与调整城市功能布局的作用，算得上是"卫星城"概念的起源。遗憾的是，由于以蒋介石为首的国民党当权派坚持反共内战的方针，对国统区人民进行无情掠夺与压榨，导致经济崩溃、民不聊生，《大上海都市计划》受困于政策、资金与人力的短缺，也只能停留在纸面上，无法实际开展。

1949 年 5 月 27 日，上海解放，这座城市正等待着时代赋予它的全新任务与使命。1949 年 12 月，上海市人民政府就邀请苏联专家前往上海指导城市建设与管理工作，拟定并发表了《关于上海市改建及发展前途问题》的意见书，提出要在上海实现"城市工业化"，完成从消费城市到生产城市的全方面改造。1950 年，经上海市市长陈毅批准，几经修订的《大上海都市计划》特予刊印，成为建国初期上海市政重建与未来规划布局的重要参考资料。其中不少规划理念给上海日后城市规划和建设带来了深远影响，"新城区"概念正是其中之一。

初生："卫星城镇"的设想

1956 年 4 月，毛泽东主席在中共中央政治局扩大会议上发表《论十大关系》，指明要着力发展沿海工业。在毛主席的号召与指示下，7 月，在上海市第一次代表大会上，上海市政府首次提出了"充分利用、合理发展"的城市化工业建设方针，要求对全市工业布局和结构进行系统性调整，上海市规划局也在此基础上提出打造卫星城镇的设想。10 月，经市长办公会议讨论决定，考虑建立彭浦等近郊工业区，首先集中发展闵行卫星城镇，这是上海首次明确提出将以工业建设为中心建设卫星城镇。1957 年 12 月，上海市一届二次党代会通过"在上海周围建立卫星城镇，分散一部分工业企业，减少市区人口过分集中"的决议，确立了卫星城镇需要承担的两大职能：一是实现上海工业的合理化布局，二是疏散市区过密的人口。

　　1958 年是上海卫星城镇迎来井喷式发展的关键一年。随着国务院批准将原属江苏的 10 个县划归上海管理，上海市行政面积一瞬间增长至原先的 10 倍，空间上的急剧扩张自然带来布局上的重大调整，许多原先不具备卫星城镇发展潜力的近远郊地区，如今都有了建设特色工业产区的能力。于是在这一年，上海市政府相继提出发展或建立蕰藻浜、彭浦、桃浦、北新泾、漕河泾、高桥、周家渡等 7 个近郊工业区的具体设想，并编制了闵行、吴泾、安亭、嘉定、松江 5 个卫星城的具体规划，松江的"卫星城"时代也就此开启。

　　作为上海文化的发源地，想要将一座千年古城改造为工业基地可绝非一件易事。1958 年 12 月，上海市城市规划勘测设计院编制完成《松江城区总体规划》，提出松江应建设成为以轻工业为主的综合性工业卫星城，并依托松江古镇，逐渐实现新旧城镇结合与城乡共同发展。为实现这一点，上海市政府在保全古建筑、自然景点与历史遗迹的基础上，将地方工业放置在沈泾塘以西的中山路附近；大型工业区放置在西南地区沿黄浦江地段；无污染、无干扰、运输量不大的轻工业则与居民区适当结合在一起；沈泾塘以东的居民区则沿用旧城的基础布局，逐渐由北向南发展。此外，沈泾塘及其东南方向的通波塘将建立码头与仓库，方便货物运输与居民出行。一副壮丽的蓝图正在徐徐展开。

　　1960 年起，伴随着《松江城区总体规划》的逐步落实，一场产业大迁移也正式开始：上海第二冶炼厂、上海有色金属研究所、上海新江机器厂迁移至以重工业为主的横潦泾工业区；上海炼锌厂、上海第四机床厂、上海压铸机厂、上海塑料十四厂、上海恒温控制厂分厂等地方性工业园区在沈泾塘西面扎根；上海照相机总厂、上海仪表机床厂、上海消防器材总厂、上海针织十厂布置在通波塘以东，紧邻码头；上海实验电炉厂、上海立新电器厂、上海缝纫机四分厂、上海松江纸浆厂等则被安置在中山中路南北，成为中心城区一道靓丽的工业风景线。此外，为了配合建厂，松江市政府还花大力气修路，乐都路、玉树路、同德路、长石路、贵南路等都是这一时期出现的。在各方的不断努力下，松江卫星城已然初具规模，松江的人居水平也在当时的上海达到了一定高度，并成为其一大亮点。然而，"文化大革命"的爆发令松江工业发展几近停滞，正常的生产生活也遭到破坏，1976 年，松江工业产值为 1.41 亿元，仅为 1956 年的 3 倍（0.47 亿元）——与改革开放时期每三年翻一番的速度相比，显然不够快。

崛起：《松江总体规划》的实施

"文化大革命"结束后，百废待兴的松江卫星城重新启航。1982 年 1 月，松江县建设局规划建筑设计室与上海市城市规划设计研究院编制完成《松江总体规划》及《松江总体规划图（1982 年）》，并于 1983 年 2 月得到市政府的批复，原则上同意施行。在规划中，松江卫星城的性质与定位发生了些许改变——从定位上，松江卫星城从单纯的功能性工业产区转变为"县的政治、经济、文化中心，市郊历史悠久、文物较多的城镇"，内涵更加丰富；在布局上，除恢复原有的轻、重工业园区，还分别将中山路通波塘西岸、谷阳路至人民路段、谷阳南路东侧设计为行政中心、商业中心与体育中心，力求打造"百花齐放"的态势；在居住上，围绕三大新中心建设居住区，并配套建设中小学、幼托、综合商店、菜场、粮油店、街道办事处和各项市政公用设施，提高居住区现代化水平；在古迹保护上，将年丰人寿桥至大仓桥的明清建筑所在地划定为古建筑保护区，在修复建筑外貌、对内部设施进行现代化改造的同时，适当控制古迹周围建筑的高度、体量、风格和使用性质，为发展旅游业打基础。

在新规划下，松江卫星城重振往日雄风，其中商业发展最为明显——供销社一统天下的局面已消失不见，上海市第一百货、新锦江、杏花楼、联华、华联、农工商等新势力纷纷涌入松江抢占市场，超市、连锁店、专卖店、便民店等如雨后春笋般冒出，市场在短时间内就迎来繁荣；饮食服务业也迎来巨变，自1985年红楼宾馆扩建竣工，成为上海市郊首家涉外星级宾馆以来，松江宾馆、松江大酒店、红与蓝大酒店、美食林酒店、大江海鲜城等一批优质宾馆、饭店先后在松江建成，松东路也因酒店林立而成为知名的美食街。此外，"文化大革命"期间被取消的擦背、修脚等业务得到恢复，刮痧、足疗、按摩等人民群众喜闻乐见的服务产业也渐成规模。商业的蓬勃兴起极大程度上带动了松江的发展，不仅街风街貌焕然一新，还顺势提升了人民群众的生活质量，松江卫星城在改革开放的春风下自由

红楼宾馆

生长。

　　1990 年，在经济发展昂扬向上的态势下，规划区内已无土地另作开发。为此，上海市城市规划设计研究院与松江县建设局绘制了《松江总体规划图（1990 年）》，并于 1991 年 1 月编制完成《松江总体规划调整方案》。在方案中，松江卫星城的性质与内容又发生了变化——定位调整为"轻纺、机械工业为主的综合卫星城，县的政治、经济、文化中心，市郊历史古城和以历史文物为主要景观的游览城"，旅游业发展正式提上日程；用地规模从最初的 12 平方千米扩大至 20 平方千米，几乎翻了一番。此外，交通建设成为这一阶段的主要任务，除了新建沈砖、嘉松、沪杭线等交通干道，还拓宽、改建、延伸了不少原有铁路与公路，使交通布局从"单侧发展"调整为"向四

松江中山中路改造竣工

周散开"；以沪杭高速公路、沪杭铁路为中心的开发项目也有条不紊地规划施行，截至 1996 年，城内工业区已基本实现"七通一平"（电通、煤气通、上水通、电话通、污水管通、雨水管通、道路通和场地平整），机械、机电、生物、医学、食品等工业也在完备的基础设施保障下高速发展，得到投资者的青睐——仅城东工业园区就在数年内吸引"三资"企业 107 家，协议引进外资 11 亿美元（汇率 1∶12.01），占全年松江工农业总产值的半壁江山（202.6 亿元）。

以松江卫星城为代表的工业卫星城的建立，是上海城市建设史上无法忽略的篇章——卫星城不仅在改善上海工业布局、促进上海工业改组、疏散市区人口等方面发挥了重要作用，其传统与现代相结合的开发模式也为后来上海乃至全国卫星城镇的建设提供了借鉴样本。上海就此摆脱"由内而外，缓慢而又混乱地拓展生存空间"的大城市通病，进入了以市区为核心、卫星城镇为部件的组合式发展轨道，契合如今特大型城市的建设趋势。而就在不久后的将来，松江卫星城又会以全新的身份迎来蜕变与新生，迎来属于自己的黄金时代。

明锟铁工厂的起起伏伏

　　松江商业因何而闻名？在鸦片战争之前，纺织与手工是松江商业的两大支柱——黄道婆的出现使松江成为"衣被天下"的全国纺织业中心，到明代中叶，几乎达到家家纺纱，户户织布的程度，随之诞生的编织、刺绣也成为缙绅富豪趋之若鹜的佳品；元代民间艺人唐俊卿带起的银器制作风潮，被明朝万历年间的铜匠胡文明发扬光大，松江金属器皿"品质极精"，受到市场的热捧。然而，战争的到来彻底摧毁了松江"岁月静好"的小农经济体系——鸦片战争后，外国势力以上海为开埠口岸，将大量机制棉布输入中国，松江人引以为傲的"土布"在"洋布"的冲击下败下阵来，彻底走向衰败；手工匠人在频发的战事中流离失所，用以加工的金、银、铜也被掠夺一空，到解放前夕，偌大的松江城仅剩十几家制作铁器的铺子了。崩坏的旧体系中往往孕育着新的希望，百废待兴的松江城也迎来商业领域的浴火重生。以明锟铁工厂为代表的新兴工业迅速占据松江经济发展的核心位置，并在新中国成立后跟随时代的浪潮不断完善、改变，为松江经济的复苏与崛起贡献着自己的力量。作为松江百年商业巨变的见证者与参与者，我们不妨就从明锟铁工厂入手，回顾那段轰轰烈烈的燃情岁月。

独闯上海，苏南娃扎根松江

明锡铁工厂创始人项志新

提到松江明锡铁工厂，要先从它的创始人项志新说起。这位 1908 年生于常熟的苏南娃家境贫寒，15 岁高小毕业后便离家打工，跟随大人到上海南市明锡机器制造厂做学徒。他手脚勤快，心思活络，不仅跟着师傅学到了各种机械加工的技术，车、钳、刨、锻样样精通，哪里缺人都顶得上去，活儿也干得漂亮，深得师傅们的喜爱与信任。学成出师后，在师傅们的推荐下，项志新留在厂里，成了管理车间生产的小领导；不久后，他又被派往浙江进化、丽水、松阳等地，为当地的电厂安装新购进的柴油机。外派的工资比留厂高出不少，加上项志新本人生活节俭，短短三年，他就有了一笔不小的积蓄。其间回上海探望师傅王莲清时，王莲清对他说："我们到松江去合办一家厂好不好？现在你虽工资高，但毕竟有限。要是开厂，运气好的话，就可以发财致富。"有了师傅的邀请与承诺，加上自己的积蓄与技术，项志新也有了底气，1934 年 10 月，师徒二人在松江西门外缸甏行借到一处 70 平方米的厂房，项志新出 500 元钱，王莲清出 3 台旧机床，开办了松江第一家机械厂——明锡铁工厂。

创业之初是艰难的。开厂伊始，师徒二人看到松江粮业发达，周边碾米厂众多，便把修理碾米机作为主要业务；但因明锠是新开的厂子，在松江没有名气，碾米厂不放心将贵重的机器送去修理，出了问题还是宁愿花大价钱拉到市里修配。几个月下来，明锠铁工厂经营惨淡，别说盈利，连积攒的老本都快吃完了。眼看倒闭在即，项志新不得不另寻业务，很快，他就从松江的交通运输中发现了商机：虽然有了汽车，但城乡交通运输主要还是依靠汽油船，如果把汽车报废的机器改造成船用柴油机，一定大有可为。事实也印证了他的想法，改装后的柴油机耗油少，功率大，价格便宜，很快就打开了销路，各方订单络绎不绝，工厂的规模也不断扩大，短短几年时间，明锠铁工厂的资金与设备已是初创期的十多倍，大好未来正在向他们招手。

战事频仍，项志新绝地求生

然而，1937 年，抗日战争的全面爆发令明锠铁工厂的发展戛然而止。日军对松江城狂轰滥炸，城内外 54 家工厂毁于一旦。为了避免战火的侵袭，松江剩余的企业纷纷外出避难。明锠铁工厂的大机器没法带走，项志新只能将一些小型机器与工具带到青浦练塘镇，靠一台破旧的小机床为往来船商修理机器。尽管生意不错，但在日伪政府苛捐杂税的层层盘剥下，收入也只能维持日常生活而已。1938 年，上海的局势趋于稳定，项志新也回到了松江，幸运的是，设备与材料没有损毁殆尽，经过短暂的休整，明锠铁工厂重新开张。同行可就没那么幸运了：周边两家铁工厂损失惨重，没有东山再起的能力，便将设备低价转让给项志新，至此，松江的铁工厂只剩下了明锠一家。

1941年，太平洋战争爆发，汽油、柴油来源断绝，米厂、船商的生产运输业务统统断档，无法进行，明锠主打的柴油机业务也没了销路。困难时刻，项志新又动起脑筋：德国有用木炭替代汽油、柴油的事例，自己为什么不也试试看呢？在常州德国留学生柯某的帮助下，项志新依照图纸做出了木炭炉，可以当作引擎使用。米厂老板和船商来参观后都觉得不错，争相订购，工厂规模也随业务量的暴增而不断扩大，到1945年抗日战争胜利为止，工厂大小设备已达30余台，员工也从最初的3人增至80人左右。抗战胜利后，汽油、柴油恢复供应，米厂、船商纷纷换回了柴油机，明锠铁工厂也重操旧业，以修配机器为主要工作。此外，项志新又拓宽了新业务，他从熟悉的船商那里购买、改造了13艘汽油船出租，自己也做起了运输的营生。

崭新时代，铁工厂顺势而为

1949年5月27日，上海解放，共产党治下的上海一扫国民党政府统治的阴霾，迎来翻天覆地的变化。深受震撼的项志新也决心以自己业务专长为祖国建设出力。解放后，国家对私营工业实行"利用、限制、改造"政策，项志新主动按照政府规定停止了汽油船出租业务，并将其尽数出售，将换来的资金投入国家鼓励的各类消防车的试制工作中。他不仅制作消防车，还担任松江救火会会长，不久后又

明锟铁工厂

创办了明锟救火会，每逢火警，他就开着自家研制的三轮摩托救火车亲临现场指挥抢救；在亲身救险的过程中，消防车实操过程中潜在的问题也能很快发现，并在工厂进行修正。就这样，明锟铁工厂的消防车越做越好，种类越做越多，很受欢迎，产品甚至走出松江，远销福建、湖南等省，明锟也开始在全国打响名号。

　　1956 年，松江全行业实行社会主义改造，明锟铁工厂也转为公私合营，国家投资扩建了厂房，并添置了不少设备，项志新由厂长转为副厂长。1958 年，城区红旗铁业社并入明锟铁工厂，此时恰逢"大跃进"，大小工厂一哄而起，一窝蜂地开办农机厂。由于明锟铁工厂有丰富的机器制作与修理经验，政府便要求明锟铁工厂转去制作机械设备，农机厂缺什么就做什么。时间紧，任务重，项志新带着全体工人苦干实干，两年内不仅生产出420余台机床、钻床，200多台水泵，还为各工厂培训出200多位工程师，为松江农机产业发展与农田排灌机械化打下了坚实基础；而他亲自带出的工程师们也成为松江的第一代机械人才，是松江"八厂一社"（指松江县曙光电器厂、松江县内衣合作工厂、松江县农业机械修造厂、松江县红光电器零件厂、松江县水泥制品合作工厂、松江县五金合作工厂、松江印刷厂、松江化肥厂共计8家工厂加松江手工业社）时期的"主心骨"。

在政府的要求下，机械设备制造成为明锠铁工厂的支柱业务，1960年起，明锠铁工厂主要制作横臂钻床，兼营农机配件，形成从铸铁、锻工、金切、热处理、电焊、油漆等涵盖全流程的产业链。1964年，明锠铁工厂被迁至松江的上海农业机具厂合并，改为制造拖拉机的旋耕机与拖斗，"明锠"这个名字与它的农机业务就此作古；1981年，上海农业机具厂改为上海缝纫机四厂分厂，转产三线包缝纫机。

"明锠"消失了，项志新却依旧为松江工业发展不断地奉献自我。他被推选为松江县第一、二、三、四、五、七届人大代表，先后担任县政府、县人委委员，上海市工商联执委，松江县工商联常委，松江县五届政协常委、副主席，六届政协常委等职。退休后的项志新也闲不下来，他为松江镇创办了缝纫社和知青商店，在解决大批回城下乡知青就业问题上作出了不少贡献。

纵观明锠铁工厂的发展史，它诞生于战火纷飞的抗日战争前夕，依靠项志新的努力与慧眼在市场开辟出自己的一方天地；新中国成立后，它凭借丰富的经验与技术成为松江工业大发展的关键助力，在生产各类机械设备的同时，也为松江培育出第一代技工人才，为 20 世纪 90 年代松江工业园区建设、地方经济腾飞奠定基石。正是有无数像项志新以及明锟铁工厂一样的个人与企业紧跟时代潮流，把握发展脉搏，尽己所能地为国家奉献自我，松江才能迎来自己的腾飞时刻。

上海第一个以"新城"命名的地铁站

去松江，人们可以选择什么交通工具？百年前是小舟、轿子与人力车；新中国成立后是机动船、公交车与自行车；改革开放后，随着城内道路设施的完善与人们物质生活水平的提高，更加便捷的出租车与私家车替代了轮渡，与公交车、火车一道成为松江交通的"三大支柱"。而就在 2007 年 12 月 29 日，松江交通的大家庭迎来了一位新成

9 号线松江新城站

员，将松江与上海城区更加紧密地联系在一起——它就是地铁 9 号线
列车，那抹醒目的淡蓝色。

1993—1999：地情调研与路线设计

地铁 9 号线建成于 2007 年，但以地铁为代表的松江轨道交通规
划早在 1993 年就在摸索中前进了。1993 年 10 月，美国路易斯伯杰顾
问股份有限公司就受邀来松江考察，并在 1994 年 7 月完成《松江县
轻轨运输系统之初期可行性研究》一书。他们汇总了松江至上海市区
的每日通行人数、汽车流量等数据，在沿线居民意见的基础上选定了
大致路线，并就车站选址、车次间隔、往返票价等细节给出了具体意
见，为松江的轻轨建设奠定了基础。

1996 年 4 月，大阪国际经济上海事务所正式成立，日本大阪与上
海的关系进入新阶段，作为结对 22 年之久的友好城市，双方都希望
借此机会交流学习。大阪都市圈轨道交通建设已有百余年的历史，相
关技术与理念都已成熟，这对刚刚启动 1 号线运营、准备在轻轨领域
大干一场的上海来说，正是一本递到手边的"活教材"。在此背景下，
《大阪·上海大容量轨道交通与城市发展的对比研究》成为 1996—
1997 年度的重点交流项目之一，双方都成立了实力雄厚的课题组参
与其中——上海这边由副市长夏克强任特别顾问，上海市政府发展研
究中心主任王战任组长，共计 45 位学者参与其中；大阪那边则由副
市长佐佐木伸任特别顾问，大阪市都市工学情报中心理事长高原疆次

任会长，除本市的 32 位专家外，还从全国名校中邀请到 7 位教授加入进来。这项研究持续了 2 年之久，到 1998 年 4 月才完成研究报告。双方都对上海至青浦、松江的大容量轨道交通建设以及沿线经济开发进行了细致分析与研究，并就线路走向、车站设置、运维成本、营运效益等问题提出了自己的解决方案。这一合作成果既参考、借鉴了大阪方面的成功案例与丰富经验，也结合上海的实际情况做了细致的完善与修正，是中日两国专家用辛勤与智慧绘就的美好蓝图，我们熟悉的 9 号线也在这张蓝图中悄然萌芽，逐渐成形。

松江撤县建区以后，原有的交通运输系统已难以承担起松江新城日益扩张的人口规模与开发用地，为了缓解发展压力，提升松江与上海中心城区的往来效率，轨道交通建设已是迫在眉睫。1999 年 9 月，法国索菲图（SYSTRA）公司、上海城市规划设计院和上海市城市综合交通规划研究所开始对上海市城市轨道交通进行全面规划；几乎与此同时，10 月，松江区轻轨建设筹备组在充分调研的基础上提出了《松江区轻轨交通线规划的设想》，构思了三个方案。在三个方案中，9 号线的起始站均为宜山路站，与当时规划中的 3 号线相连，后续的路线走向则各有不同——方案一按照"徐虹支线—外环路—七宝—沪松公路—泗泾镇—泗陈公路—嘉松公路—松江新城"的路线设计，设宜山路、虹梅路、外环路、七宝、泗泾、佘山旅游度假区、塘桥、月湖、松江新城共计 9 站，全长 34 千米；方案二将方案一中的"徐虹支线—外环路—七宝"一段调整为"吴中路—外环路—七宝"，站名与站数不变，全长缩减至 32 千米；方案三则将方案一中的"徐虹支

线—外环路—七宝"一段调整为"漕宝路—外环路—七宝",全长进
一步缩减至 31 千米,站点也调整为宜山路、虹漕路、虹梅路、合川
路、七宝、泗泾、佘山旅游度假区、塘桥、月湖、松江新城共计 10
站。此外,三种方案都计划从佘山旅游度假区另设岔口,沿外青松公
路延伸至朱家角、淀山湖等地。

2000—2017：开工建造与设施完善

2000 年 4 月,上海市城市轨道交通进行全面规划,三家单位联合
编制完成《上海市轨道交通系统规划方案》一书,设计了 17 条由快
速轨道、轻轨、地铁组成的线路。其中,上海中心城区至松江一线被
命名为"R4 线",以崇明东为起点,以枫泾为终点,全长 156 千米,
松江需要承担起"徐家汇—松江新城"这一阶段的运输重任。于是,
2001 年 2 月,松江区人民政府正式委托上海城市规划设计研究院,根
据 R4 线路规划完成对 9 号线的设计与选址工作。在大致走向基本确
定的情况下,设计方案也很快出炉:9 号线按照"徐家汇—虹桥路—
宜山路—沪松公路—泗陈公路—嘉松公路—松江新城"的路线设计,
按"徐家汇—宜山路—桂林路—虹梅路—合川路—外环路—七宝—九
亭—泗泾—佘山旅游度假区—松江大学城—松江新城"的顺序设 12
站,贯穿徐汇、闵行、松江三大区,途径城市副中心徐家汇、宜山—
田林居住区、漕河泾新兴技术开发区、七宝、九亭、泗泾、佘山国家
旅游度假区、松江大学城、松江新城区等重点发展区域,并预留出通

往金山区枫泾镇的延伸空间。同年 12 月,《松江新城总体规划》出炉,9 号线终点站也从松江新城按照"嘉松南路—沪昆高速公路—人民路"的走向延伸至松江火车站,并在中间增设"松江站",总站数增至 14 站。

2002 年 10 月,9 号线一期工程正式开工,并在松江大学城站举行了开工大典。一期工程自桂林路站至松江新城站,在"松江大学城"与"松江新城"之间增设"洞泾"站,共计 11 站,可分别在虹梅路、宜山路与 1、3、4 号线相互换乘。一期工程为期 4 年,2006年年底实现结构贯通,经过 1 年的装修与准备,2007 年 12 月 29 日,9 号线正式通车试运营,松江终于有了属于自己的地铁线。虽然初期受线路脱网影响,"桂林路"至"宜山路"需要用地面公交运送,但这依旧阻挡不了人们的热情,9 号线很快就成为当时客流量最高的交通线之一。

2008 年 12 月 28 日,一期工程中最后的遗留段,"桂林路"至"宜山路"也开通运营,两站间来往频繁的接送巴士就此成为历史。9 号线也在这一年接入上海地铁网,正式成为地铁大家族中的一员。在随后的时间里,9 号线没有停下自己的脚步,而是根据"R4 线"的设想飞速成长——2009 年 12 月 31 日,二期工程圆满结束,9 号线延伸至世纪大道,上海又多了一条跨越黄浦江的地铁线;2010 年 4 月7 日,徐家汇站实现了 9 号线与 1 号线的站内换乘,二期工程遗留下来的"杨高中路"站也投入使用;2012 年 12 月 28 日,终点站的延伸工作宣告结束,"松江南站"取代"松江新城"成为新的终点站;2014

9 号线地铁线路图

9 号线地铁

年9月26日，三期工程开工，经过3年的努力，2017年12月30日，东延伸段开通运营，"杨高中路"与"曹路"之间得以畅通，也就有了我们今天所见到的9号线路线图。

从1993年的可行性探索，到1996年的中日合作设计，再到21世纪的萌芽、成长、壮大，9号线在无数专家、学者、工程师的努力下变成现实。一期工程结束时，9号线全长仅30.7千米，站数只有11站，只能满足基本的人流往返需求；如今，9号线已是横贯浦江两岸的巨龙，全长增至65千米，站数增至35站，日均客流量突破130万大关，不仅是连接曹路、徐家汇、陆家嘴、世纪大道、金桥、松江新城等多个金融贸易区、出口加工区、人流集散点的市级骨干线路，还串联起了松江老城区、佘山、醉白池、方塔园等名胜古迹，成为松江旅游业发展的"主动脉"。未来，这抹松江人熟悉的淡蓝色还将续写更多故事，为松江与上海的发展创造无限可能。

泰晤士小镇：江南水岸的异域风情

立足 21 世纪的起点，松江新城在建设之初便定下了追求"三大特色"的目标，即国际化、现代化以及达到生态和环保的标准。而泰晤士小镇的出现正是松江新城人与自然和谐氛围的最好体现。

"英伦风"小镇缘何落户江南岸？

泰晤士小镇属于松江区方松街道，处于当时规划的松江新城腹地，松江大学城南侧，距离上海市中心约一小时车程。其东北是松江大学城，北面是佘山国家旅游度假区，西面是松江科技园区，南面是有一千多年人文历史的松江古城。

泰晤士小镇由英国阿特金斯国际有限公司设计规划于 2001 年 11 月设计，后数易其稿，并不断细化。由松江新城建设发展有限公司负责开发建设，采取一次规划，分五期实施，2002 年 10 月 20 日动工，2006 年 10 月 20 日正式开放。有取舍地移植了英国泰晤士河边小镇的规划理念和建筑风貌，打造具有居住、商业、生活、公建共存的模块。小镇总占地 95.78 万平方米，其中别墅建筑面积 15.48 万平方米，公建面积 4.52 万平方米，包括教堂、中小学、图书馆、综合超市、露

松江新城泰晤士小镇

天剧场等，湖泊面积50万平方米，是一个低密度具有旅游休闲功能的英式风貌社区，绿地覆盖率达到63%。小镇规划布局上分为旧城风貌区、新市镇中心风貌区、河岸风貌区三部分，外围为小镇住宅区。小镇文化、教育、体育卫生、商务、旅游设施齐全，其建筑之精美、设计之新颖、环境之幽雅，当时在沪上独树一帜。

泰晤士小镇逼真地还原了英国乡村风貌。这里有湖泊、岛屿、草坪、绿地等传统的英格兰人居环境。建筑面积为8万平方米的300幢独栋、联排别墅或临于湖畔，或建于土坡或藏于秀林，错落有致，别有天地，沈泾塘一湾清流贯穿小镇，镇区内还辟有350亩人工湖泊，湖中有岛，岛上建有灯塔、风车等装饰性建筑。这个富有英国泰晤士

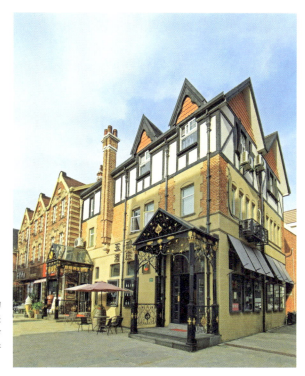

那些充满民间风情的
小楼，黑框白墙带来
的视觉冲击，让人仿
佛置身亦真亦幻的梦
境之中

地区居民区风格的河畔小镇，堪称一幅展示英伦历史文脉和乡村风情的建筑画卷。亲水、亲绿的自然环境，浓浓西洋艺术与民俗文化的艺术氛围，令人如入诗中，如进画中。

进入小镇，首先踏入的是名为斯特拉斯福的街道，它的原型是英国中部最有名的古城名街，被称为"他不属于一个时代而属于所有世纪"的莎士比亚就出生于此。现在这条街上一边是几家飘散出苏格兰威士忌醇香的酒吧，一边汇集着伊丽莎白时代（1558—1603）风格的古玩首饰店，不远处的画廊则陈列着多幅大不列颠风景油画。整条商业街的房子类型各异，随意组合中却显得十分自然协调。街的一头是高耸的哥特式建筑风格的教堂，教堂里传出的钟声使整条街都悠远了起来。

走出斯特拉斯福街，就进入了住宅区域。这里的住宅首先凸显的是英国式的精致，其次是泰晤士河畔的抒情和大气。那些充满民间风情的小楼，黑框白墙带来的视觉冲击，让人仿佛置身亦真亦幻的梦境之中。

这里更使游客领略到维多利亚时代（1837—1901）的奢华。精致的尖拱券、廊柱与红砖墙，无不述说着大英帝国当年繁盛一时的富丽堂皇。而那乔治亚风格的建筑，好像过于墨守成规，对称和平衡是它亘古不变的特色。望着那些古典庄重的英国式建筑，仿佛置身异国他乡。无论是具有鲜明英式特征的单体别墅，还是款式不一的联体住宅，大多采用了原木结构，住宅间距比较宽敞。门窗造型优美，阳台设计富有情调，还专门留出挂盆栽植物的位置。

采纳乔治亚时代风格而放弃现代摩天大楼，欣赏田园绿意而摒弃混凝灰调，选择围合式鹅卵石小路而非常见的轩敞大道，浓缩英国 500 年建筑之精粹……泰晤士小镇是松江新城在建设发展过程中的一次典型的突破与尝试，它的存在，一定意义上承载了上海这座"开放、创新、包容"的国际化大都市对于诗意而美好的人民居住环境的不懈追求以及对于外来文化艺术"他山之石"的诚意借鉴。

"非典型"小镇如何可持续发展？

松江新城倾力打造的集居住、商业、文化旅游于一身的泰晤士小镇，明显突破了一般意义上的住宅物业类型。专业地产研究者曾经分析，郊区物业按照功能可以分为两种类型：一种是长期居住的第一居所。主要是白天在市区工作，晚上回来居住，即"白 + 黑"的生活方式；另一种是短期居住的第二居所，也就是大部分时间都在市区工作居住，周末或者节假日到郊区享受田园生活的"5 + 2"的生活方式，这就要求物业具备休闲、度假和部分商务功能。泰晤士小镇无疑属于后者。问题来了，在商业和文化旅游地产方面同样属于"非典型"的泰晤士小镇，如何有效聚集人气、维持运营呢？"秘笈"或许有二："汽车经济"与"魅力聚集"。

根据马斯洛的需求层次理论，在现代社会，功能性消费走到了极端，很大程度上集中在周边超市与互联网。与此同时，各种各样的高端消费出现了，品质和环境越来越为消费者所重视，而实体商界也都在争取高端消费者。从前，能否提供最佳服务，不仅仅受制于商家的水平，还受到地理空间等多方面因素的影响。然而，汽车经济的出现，极大地改变了社会的消费模式。无拘无束的"自驾"，可以将人们的活动范围拉得很大。而这群人往往也具有较高消费能力，他们对商品的价格不特别敏感，时常追求美好消费环境带来的心情愉悦。为满足这种环境需求，人们会主动寻找这样的去处。泰晤士小镇的出现，正赶上"汽车经济"在上海迅猛发展之时。

根据泰晤士小镇规划之初的调研，在泰晤士小镇的西南方，集中了"台积电"（"台湾积体电路制造股份有限公司"的简称）等大量"巨型"高科技企业。小镇的东面，是成熟的出口工业园区，这些企业释放出大量中高端的居住与消费需求。临近小镇的松江大学城，集中了上海近三分之一的教育文化科研资源，日常在校大学生近 10 万名。以佘山为核心的松江区域内，集中了超过 1.2 万幢中国最高端的别墅。这些居住在别墅里的成功人士，在高尔夫球场打完球后，只需要 10 分钟车程，就可以到达泰晤士小镇。此外，松江新城的数十万居民以及近在咫尺的松江老城区居民们，也拥有不可小觑的消费实力。而高速公路、轨道交通和过境松江南站的铁路，还将引来上海其他城区和长三角地区的大量消费者。

相比于客观条件，更为重要的是"软实力"。对于泰晤士小镇来说，要找准自身的独特"魅力"以吸引人们常来常往。于是，运营者再次将目光聚焦到其独一无二的艺术气息上，通过各式各样的旅游会展活动来持续聚集人气，进而打造其独有的"艺术个性"。2006 年 6

月 15 日，世界著名雕塑艺术大师、新写实主义领头人阿曼的作品回顾展在这里揭开帷幕。阿曼的作品此前多次在上海中心城区展出，如"飞跃的马""弦乐的律动""吟游诗人"等大型雕塑作品，已成为上海的艺术地标。在阿曼去世的第二年，其作品现身泰晤士小镇，顿时吸引了大批艺术爱好者和收藏家。而展览主办方之所以选择泰晤士小镇展出大师杰作，是因为那里的整个氛围与艺术展非常吻合。在以年轻消费群体为目标的新潮节庆活动领域，小镇同样用心经营。刚刚遭受"新冠"疫情袭击的 2020 年夏日，小镇开启了首届"66 夜生活节"，包括卡纳比文化夜市、艺术家驻岛计划及各类演艺活动，收获大量人气，并成为此后每年一度的狂欢节。此外，画廊、雕塑、酒吧、艺术工作室、婚庆公司等等富有艺术气息的场所和设施，已遍布小镇的每个角落。紧邻的上海视觉艺术学院也将小镇作为艺术创作基地和文化创意产业基地。

在上海的快节奏城市生活中，人们有时更加需要一种松弛的状态，这时候，距离反而成为一种优势。泰晤士小镇的英伦风貌和艺术魅力，使她在这个层面具备了相当的优势与潜力。

松江地处江南水乡，是上海历史文化的发源地。而充满异域情调的泰晤士小镇在松江新城，可以说是卫星城的一个象征，作为城市化进程的先驱者，她还带有一些试验色彩。集商业地产与旅游地产于一身的泰晤士小镇，不再只是承担城市公寓那般"白 + 黑"（工作 + 休息）中"黑"的角色，而在某种程度上达到了生活与度假的美好平衡。更进一步的是，她反映了中国人对人居环境的文化追求与其物质实力相和谐的体现，即"中外文化交融，历史未来结合"。上海是中国对西方文化最开放的城市之一。这座融合了乔治王和维多利亚时代风格的、风景明信片式的小镇，竟出现在江南文化底蕴深厚的松江水乡，凸显了中西不同文化的冲撞与融合，生动体现了海纳百川、追求卓越的上海城市精神。

家庭农场撑起新时代"稻米之乡"

　　中国农业品牌目录 2019 农产品区域公用品牌榜共推选出具有代表性的 300 个品牌，作为上海市唯一稻米类的国家"地理标志保护产品"（产自特定地域，所具有的质量、声誉或其他特性取决于该产地的自然因素和人文因素，经审核批准以地理名称进行命名的产品），松江大米榜上有名。松江区的泖港镇是地理标志保护产品"松江大米"的主要保护地区域，其生产的大米是地理标志保护产品"松江大米"

松江大米开镰

的重要组成部分。泖港水稻产业最大的特色是家庭农场模式，并衍生出了非常具有特色的种养结合家庭农场、机农一体家庭农场等类型。

传统稻米之乡探索现代运营机制

松江，被称为"稻米之乡"，曾是我国历史上著名的农业大县。改革开放后，松江工业化、城市化发展进入快车道，实现了由传统农业大县向工业大区的转型，综合经济实力和城市功能提升得很快，全区农业产值和粮食产量不断提高，初步实现了城乡关系的协调发展。到了 2007 年，松江区已经有足够的经济实力来反哺农业，由于一家一户的传统农业生产不能适应现代化农业的发展需求，区内转而实行粮食规模化、专业化生产，开始了对家庭农场的探索。

所谓家庭农场，是指以同一行政村或同一村级集体经济组织的农民家庭（一般为夫妻二人，个别为父子或父女等二三人）为生产单位，从事粮食、蔬菜种植或生猪养殖等生产活动的农业经营形式。家庭农场的称呼是相对于昔日的集体农场而言的。农业以家庭为生产单位在我国有几千年历史，家庭农场作为最直接的农业生产主体在欧洲也有两百多年历史，从全世界范围来看，农业生产都是以农户经营为主。和集体农场相比，家庭农场的发展模式既符合松江区的农村家庭联产承包责任制，又符合世界发展潮流，也是松江要长期坚持的现代农业生产方式。

地处我国典型的江南水乡地区，松江区通过发展家庭农场，改变了土地一家一户分散经营的方式，将土地、劳动力、农机等生产要素适当集中，实现了适度规模经营，有利于良种、栽培和防治等农业新技术的推广应用。

松江区家庭农场发展坚持经营者自耕，即家庭农场经营者必须依靠家庭人员来完成农田的耕、种、管、收等主要农业生产活动，除季节性、临时性聘用短期帮工外，不得常年雇用劳动力从事家庭农场生产经营活动（这个规模也养不起常年雇工），不得将土地转包、转租给第三方经营。这样的制度设计，主要是为了避免家庭农场规模过大而出现生产靠雇工以及圈地、转包等现象发生，有利于农业生产稳定和农村社会和谐。同时，松江注重培育新型农业经营主体和专业农民，让农民专心致志地搞好农业经营，能够亲自学会驾驶现代农机，提升专业化生产水平，从而让真正从事农业生产的劳动者收入得到提高。2013 年起，松江区重点发展机、农结合家庭农场，推动实行"小机家庭化、大机互助化"的农机作业方式，使全区粮食生产的机械化率从 74.6% 提高到 95.9%。

家庭农场的发展，使松江区实现了现有生产条件下劳动力与耕地面积的合理配置，农户数量从 2007 年的近 5000 家调整到 2016 年的900 多家，大大提高了劳动生产率。同时，使农民从兼职变为专职，推进了粮食生产的专业化进程。

松江的实践和经验值得重视

十多年来，松江家庭农场从起步探索到基本成熟，取得了良好效果，不仅稳定了粮食和生猪生产发展，还有效地保护了基本农田，改善了农业生态环境，提高了劳动生产率和资源利用率，促进了农业发展方式转变和农民持续增收，同时培育了一批有经验、有技术、会经营的专业农民。家庭农场模式创新，对松江实现"四化"（农业现代化、新型工业化、新型城镇化、行业信息化）同步具有积极而长远的意义。对农业来说，家庭农场通过扩大规模、实行专业化生产，实现现代科技和农业机械的广泛应用，找到了走出传统农业、走向农业现代化的载体；对农民来说，通过扩大规模经营，提高劳动生产率，找到了实现可持续增收的道路；对农村来说，可持续的生态环境也由此得以保护。从农村土地制度看，所有权、承包权、经营权"三权分置"得到了充分体现。从农业后续发展能力看，既保护了耕田，又解决了"谁来种地、谁来务农"的问题。

2020 年，松江区拿出如下成绩单：838 户家庭农场经营收入从 2007 年的户均 4.6 万元提高到 15.5 万元，亩均净收入从 460 元持续提高到 978 元；土地流转率高达 99.9%；占耕地面积 68% 的 15 万亩水稻生产实现全程机械化，家庭农场经营占比达 90%；优质水稻比率为 36%，全部由家庭农场"包办"；以水稻为主的绿色食品认证率超过 47%。这说明，以粮食生产为主的家庭农场经营模式，是能够扛起农业现代化的重任的，也说明松江家庭农场从起步至今，已经逐渐成熟了。通过这些年的不懈努力，松江家庭农场的优势逐步呈现，实现了现有生产条件下劳动力与耕地面积的合理配置，有利于良种、栽培和防治等农业新技术的推广应用，最终实现农业劳动生产效率快速提高，农民收入大幅提高，农业生态环境持续改善，使农业可持续发展取得显著成效。这其中，有几个方面的经验值得总结、推广。

一是建立了土地流转制度。实行以"依法、自愿、有偿"为原则，土地承包户将土地委托给村委会统一流转，再由村委会经过民主、公开的程序，统一发包给真正有志于从事农业、有能力从事规模化生产的家庭农场经营，并建立了全区农村土地管理平台，改变了过去土地在农户间随意无序流转的现象，规范了土地流转行为。及时调整土地流转政策和价格，发挥政策杠杆调节作用，使土地流转费用随粮食收购价变动而变化，使土地流出方的农民和家庭农场之间的利益分配由市场来调节，平衡好土地承包户与家庭农场经营者之间的利益关系，确保了家庭农场得以健康稳定发展。

二是健全了民主准入机制。在家庭农场探索发展之初，为发动农户组织家庭农场，农户只要符合一些简单条件（当地农民、以家庭为经营单位、会农业生产等），即可报名成为家庭农场经营者。之后，随着家庭农场经营收益逐年提高与机械化服务能力不断提高，农民种田的积极性高涨，出现了一个家庭农场有几户竞争的现象。对此，松江区逐渐形成了一套较为成熟规范的家庭农场民主准入机制。即家庭农场经营者必须是具有相应生产经验和经营能力、主要依靠家庭人员劳动完成主要农业生产活动的本村农户；在农民自愿申报的基础上，通过本村几十个村民代表民主表决，选出家庭农场经营户。这样，既体现了民情民意，又能把土地交给真正想种田、能种好田的农民；既有利于农业生产，又做到公开、公平、公正。这也促进了当地村民遵守村规民约，搞好邻里关系，崇尚公德和礼仪文明。

三是完善了补贴政策。家庭农场发展之初，由于粮价低、成本高、种粮效益差，为鼓励家庭农场发展，区级财政给予家庭农场经营者 200 元 / 亩的土地流转费补贴。之后，根据粮价与家庭农场收益情况，逐步减少补贴。2013 年起，又将补贴全部改为奖励，鼓励家庭

秸秆还田

农场进行高产竞赛。还致力推广秸秆还田、农机直播等新农艺、新技术，不断提高家庭农场生产经营水平。

松江家庭农场发展经验得到了中央和各级领导的高度肯定。2012年，国务院总理温家宝批示"松江的实践和经验值得重视"。国务院发展研究中心也来到松江进行专题调研。2013年，家庭农场被写入中央1号文件，全国不少地方到松江学习家庭农场发展的经验，《人民日报》《解放日报》《农民日报》等各级媒体也纷纷来前来采访、报道。

作为沪上重要粮仓，松江区家庭农场新型农业经营探索已经走过了整整15年，农业找到了一条走出传统小农、走向现代化的道路，为我国探索家庭农场发展模式提供了足资借鉴的宝贵经验。

智慧新都，宜业宜居

科创长廊，联动九城
从"松江制造"迈向"松江创造"
布好"两张网"，开动"智慧脑"
远方的人才请你留下来
环大学城基础教育新高地
15、30、45、60，直达美好生活！

科创长廊，联动九城

"G60"原本是一条自上海直达昆明的高速公路，全长 2730 千米，于 2011 年 9 月 8 日全线通车。对于松江而言，G60 绝不仅是一条交通要道，更是一条"神奇之路"。十余年来，它见证了松江的发展；今后，它还将继续创造和见证松江的腾飞。一条路与一座城，演绎出绵延不绝的传奇故事……

由东北向西南，自九亭，到新浜，全长 40 千米，横贯松江全境的 G60 高速公路，是松江的经济线、发展轴，其沿线集中了松江产业及城市发展所依托的主要空间和创新要素资源。犹如一条锦带，G60 高速串起了上海率先建成的郊区新城、全国规模最大的大学城、上海面积最大的国家级经济技术开发区、出口规模最大的国家级出口加工区。

进军科创，迈上新征途

早在 2007 年，时任中共上海市委书记的习近平同志在松江调研时就强调："松江要大力发展先进制造业，大力发展生产性服务业，推动与长三角周边城市的分工合作，不断提升产业能级和水平，促进经济又好又快发展，为统筹城乡发展提供有力经济支撑。"这是对松江发展定位的"指南针"。2014 年，习近平总书记对上海提出"加快向具有全球影响力的科技创新中心进军"的要求。如何落实习总书记的指示，怎样以习近平新时代中国特色社会主义思想为统领，推进松江转型发展，把松江的发展融入上海、长三角乃至全国的转型发展大局中？这成为松江人集中思考、奋力求索的时代命题。

放眼过去，松江作为上海的制造业大区，拥有雄厚的产业基础，2016 年前后，工业总产值稳定在 3700 亿元以上。而 G60 沿线产业园区贡献了全区 90% 以上的工业产值，占全市工业总产值的 8%，集中了全区 60% 的规模以上企业，集聚了 40 多家世界 500 强企业，15 个国家和省部级重点实验室、研究中心以及 100 多个市区两级工程技术研究中心、企业技术中心。G60 高速公路松江段沿线，既是面向长三角、以产业链和创新链为纽带的制造业重镇，又有全国知名的大学城，还背靠正着力建设全球卓越城市"五大中心"的上海，具有良好的产业配套基础和资源要素禀赋。

然而，由于过去几十年快速的城镇化和工业化，G60 沿线产业布局内部缺乏产业链和创新链，但是空间资源已经基本布满。这种情况下要转型发展，就必须向规划要品质、向存量要空间、向创新要动力，向质量要效益。G60 高速公路松江段两侧的空间布局，必须大刀阔斧的革旧布新，去除过剩、落后产能，同时科学规划沿线发展空间。松江要深化供给侧改革，大力发展先进制造业，大力发展生产性服务业，推动与长三角周边城市的分工合作，不断提升产业能级和水平，促进经济又好又快发展。因此，松江更需要沿着 G60 高速公路，"眼睛向西，对接苏浙"，面向长三角，在产业链分工协作上"把蛋糕做大"。对于松江而言，走科技创新（以下简称"科创"）道路，加大对先进制造业的政策引导，加强对自主知识产权的保护，鼓励企业技术创新，并且通过"科创"驱动，释放松江大学城的创新能力和人才资源红利，驱动区域经济转型发展——这就是新时代带给松江发展的新征途！

一廊九区，产业新布局

审时度势，松江区委、区政府大胆创新思路，提出以 G60 松江段为中轴，发展沪杭沿线产业带，建设 G60 上海松江"科创"走廊。G60 科创走廊并不是一条交通走廊，而将是一条产业集聚、重点突出、相辅相成的科技创新示范走廊，是推动"松江制造"迈向"松江创造"的强大动力，也是松江经济实现转型升级的重要抓手。区域总面积约 283 平方千米的 G60 上海松江科创走廊，将依托 G60、G15、G1501 和 S32 四条高速公路构成的高速公路网，构建以松江新城为核心的"一廊九区"空间布局，以及"科创承载、总部研发、高端制造、服务集成、商业商务及现代物流相辅相成"的产业功能布局，作为未来松江产业发展和城市建设的主要承载区。

2016 年 5 月 24 日下午，松江区召开 G60 上海松江科创走廊建设推进大会，宣布出台 60 条产业政策，每年投入 20 亿元专项资金，沿

上海临港松江科技

洞泾智能机器人产业基地

国家级松江经济技术开发区

松江新城国际生态商务区

国家级松江出口加工区

松江大学城双创集聚区

松江西部科技园区

松江新城总部研发功能区

松江电子商务和现代物流园区

G60"一廊九区示意图"

G60 高速公路松江段两侧布局"一廊九区"，全力推进 G60 上海松江科创走廊建设，实现"松江制造"向"松江创造"的转型。G60 上海松江科创走廊包括"一廊九区"：一廊，东起临港松江科技城，西至西部科技园区，北沿沪松公路、泗陈公路、嘉松公路、辰花公路一线，南至申嘉湖高速一线，形成产城融合的科创走廊；九区，围绕 G60 上海松江科创走廊的空间形态、产业业态及城市生态等特色禀赋，着力构建九大产业功能板块：临港松江科技城板块、洞泾智能机器人产业基地、松江新城总部研发功能区、松江新城国际生态商务区板块、国家级松江经济技术开发、国家级松江出口加工区、松江大学城双创集聚区、松江电子商务和现代物流园区和松江西部科技园区。这就勾勒起 G60 上海松江科创走廊的发展蓝图。

一廊九城，联动共发展

以 G60 高速为纽带，松江区继续向浙江省延伸拓展，围绕创新协同、产业融合、互联互通，推动形成科技创新要素自由流动、高效配置、共建共享的区域创新体系。2017 年 7 月 12 日，松江、杭州、嘉兴三地在沪签订《沪嘉杭 G60 科创走廊建设战略合作协议》。依托 G60 科创走廊，松江与杭州、嘉兴将深化全方位、紧密型的科创合作和产业对接，实现科创要素的自由流动，打造具有全球影响力的科技创新高地，建成全球重要的先进制造业和信息经济产业中心，当好全国跨区域协同发展的排头兵。从"上海松江 G60 科创走廊"，到沪嘉杭 G60 科创走廊，松江、嘉兴、杭州打破行政区划，在建立要素对接常态化合作机制、推动产业链布局、打造科创平台载体等方面取得显著成效，在全国引起新的反响。长三角多个城市纷纷响应，主动对接、加入"G60 科创走廊"建设。

松江区政府还抓住沪苏湖合高铁建设的契机，于 2018 年提出 G60 科创走廊从"2.0 高速时代"迈向"3.0 高铁时代"的构想：依托交通大通道（G60 沪昆高速、沪苏湖合高铁），G60 科创走廊发展成为贯穿长三角三省一市，覆盖松江、嘉兴、杭州、金华、苏州、湖州、宣城、芜湖、合肥九城市的 3.0 版长三角城市群。

2018 年 6 月 1 日，"G60 科创走廊"第一次联席会议在上海松江召开，九城市主要负责人在长三角地区主要领导座谈会上签署战略合作协议。沪苏浙皖九城市签署共建共享 G60 科创走廊战略合作协议，"G60 科创走廊"从 1.0 版松江"一廊九区"、2.0 版沪嘉杭，正式迈向 3.0 版"一廊一核多城"：覆盖松江、嘉兴、杭州、金华、苏州、湖州、宣城、芜湖、合肥九城，共建共享长三角更高质量一体化发展协同创新的重要平台。从松江的城市战略迈向长三角一体化的国家战略，在长三角层面统筹规划、共同推进，有了更高的定位和更大的使命担当，成为科技创新驱动中国制造迈向中国创造的示范版。

G60 科创走廊沿线是中国经济最具活力、城镇化水平最高的区域之一。联合长三角的 G60 沿线城市发展的"一廊一核多城"总体布局，区域面积约 7.62 万平方千米，常住人口约 4900 万人，GDP 总量约 4.86 万亿元，分别占长三角三省一市总量的 21.2%、22.3% 和

24.9%，立足打造长三角更高质量一体化发展的重要引擎。

战略提升，发力"十四五"

如今的 G60 科创走廊，不仅紧紧依托 G60 高速，还要依托当今发展迅猛的高铁，成为聚焦创新驱动、产业集群、产业一体化，扣住市场的"脉搏提速器"，要以实体经济为支撑，以先进制造业的创新为动力，走科技创新和产业相结合的道路。

2021 年，长三角 G60 科创走廊被纳入国家"十四五"规划，从秉持新发展理念的基层生动实践上升为国家战略的重要平台。五年来，长三角 G60 科创走廊的"含金量"和"含新量"不断提高，G60 科创走廊建设也迅速带动了大批新兴产业集群。

2021 年 4 月 1 日，科技部官网公布《长三角 G60 科创走廊建设方案》，旨在贯彻落实党中央、国务院印发的《长江三角洲区域一体化发展规划纲要》，持续有序推进 G60 科创走廊建设，G60 科创走廊有了更详细的"施工图"。《方案》明晰了长三角 G60 科创走廊的战略定位，即中国制造迈向中国创造的先进走廊，科技和制度创新双轮驱动的先试走廊，产城融合发展的先行走廊。G60 科创走廊贯穿长三角的核心地带，以"创新"为发展主题，以"走廊"为空间组织方式，通过集聚创新人才、整合创新资源，促进高校、科研机构与企业等创新主体在创新区域内进行高密度的协同创新活动，有助于推动长三角区域一体化实现更高质量发展。在长三角一体化的版图上，G60 科创走廊如同一串熠熠生辉的珠链，将沪苏浙皖的松江、杭州、嘉兴、金华、湖州、苏州、合肥、宣城、芜湖 9 个城市紧紧连在一起。G60 科创走廊，打开了长三角向内开放的一扇大门。

这条示范引领科创驱动、辐射带动长三角区域一体化发展的长廊，也理所当然地被纳入以建设"长三角地区具有辐射带动作用的综合性节点城市"为目标的松江新城的规划中。中共上海市委、市政府关于松江新城的产业定位是"加强 G60 科创走廊战略引领作用，强化创新策源能力，做大做强智能制造装备、电子信息等产业集群，发展文创旅游、影视传媒等特色功能。"在"十四五"时期，G60 科创走廊必将发挥更强大、更全面的引领作用，把握制造产业高端化、集群化的发展方向，带动新城全面发力。

作为 G60 科创走廊的策源地，松江的要素禀赋和区位优势得天独厚。随着 G60 科创走廊一步步推进、提升为国家战略，松江肩负着巨大的荣耀与使命，更当奋发加勉，满足松江人民对美好生活的向往，进一步建设科创之城、文化之城、奋斗之城、魅力之城！

从"松江制造"迈向"松江创造"

在中国从古老的农耕文明迈向工业化发展的进程中，松江的制造业也成为"世界工厂"的一部分。然而，进入 21 世纪后，仍有相当一部分制造业还延续着"三高一低"（高投入、高能耗、高污染、低效率）的状态，这是劳动密集型和资源密集型发展模式的产物。如果任由"三高一低"现象继续存在，松江便不可避免地走向凋敝和落后。G60 高速公路松江段附近，原先就集聚了主要工业区，由于第一波工业化的粗放式发展，一方面在制造业的"先进程度"上显得参差不齐，另一方面还存在同质化现象。加上缺大项目和龙头企业，多年来，松江高端制造优势并不明显。

2016 年，随着《G60 上海松江科创走廊建设总体方案》的推出，松江大力启动 G60 沿线的产业布局转型发展，同时面向长三角区域推动产业链分工协作。依托 G60、G15、G1501 和 S32 这四条高速织成的高速公路网，构建以松江新城为核心的"一廊九区"空间布局，以及"科创承载、总部研发、高端制造、服务集成、商业商务及现代物流相辅相成"的产业功能布局。

短短数年间，G60 科创走廊的构建与推进发展已取得了显著的成果。尤其是 2018 年，习近平总书记在首届中国国际进口博览会开幕

位于松江的台积电（中国）有限公司

式主旨演讲中宣布支持长江三角洲区域一体化发展并上升为国家战略，松江进一步以 G60 科创走廊建设为引领，在服务国家发展大局中打造长三角更高质量区域协调发展的重要平台，实现了科创驱动发展强劲、产业结构调整强劲、先进制造业投资强劲、辐射带动力强劲的先发效应，"松江制造"正迈向"松江创造"。

引入"头部企业"，打造"6＋X"产业集群

在新发展理念指引下，G60 两侧松江段，一大批百亿级重大项目和头部企业落地，先进制造业拔地而起。2017 年 6 月，海尔集团、松江区政府、临港集团三方签署了《"海尔集团'产城创'生态圈模式"暨海尔智谷落户 G60 科创走廊合作协议》。根据协议，海尔集团在松江的投资包括一个总部和六大核心功能板块的建设。该总部基地也是海尔集团在山东青岛以外的首个区域总部。2021 年 2 月，松江综合保税区与世界最大工业机器人制造商之一库卡机器人（上海）有限公司签署投资协议，标志着库卡机器人销售总部正式落户松江区。这是较有代表性的两家大企业在松江的落户。

目前，松江已形成人工智能、集成电路、生物医药、智慧安防、新能源、新材料等六大战略新兴产业，以及节能环保、民用航空、数字经济、未来科技等若干新兴产业的"6＋X"战略性新兴产业集群。

集成电路领域，聚集超硅、豪威、新阳、顺络电子、移远通信、台积电、北纬三十八度等集成电路重点企业 100 多家。

生物医药领域，聚集复宏汉霖、同联制药、昊海生科等生物医药企业 2000 多家，承担多项居于国际前沿的研发项目。例如同联制药，就参与了我国拥有完全自主知识产权的一类抗生素新药"可利霉素临床研究"项目。

人工智能领域，聚集科大智能、库卡机器人等人工智能企业 800 多家。如腾讯长三角 AI 超算中心，是亚洲单体规模最大的人工智能超算枢纽，满载服务器 40 万台，算力可达每秒 1.1 亿亿次浮点运算，达到世界一流水平。

在新能源领域，松江已聚集恒驰新能源、比亚迪、万象、理想晶延、保隆科技等相关企业约 300 多家。

洞泾科大智能机器人产业园区生产车间一角

卫星互联网领域的布局也取得实质性突破——"G60星链"产业基地建设已正式启航，未来不仅将具备每年300颗卫星的产能，还将打造全球低轨卫星网，其中以"松江"命名的卫星已升空入轨。

随着"6＋X"新兴产业集群的迅速崛起，一批具有国际竞争力或者填补国内空白的企业为"松江创造"品牌赢得了越来越多的关注与认可。

布局前沿科研机构，集聚"帅才"型科学家

作为长三角G60科创走廊的"重大科技创新策源区"和"重大

科技成果转化区"，松江始终致力于加速导入、引进、培育更多的具有重大国际影响力的优质科创龙头，助力"松江制造"迈向"松江创造"。为实现创新链自主可控，把先进制造业关键核心技术牢牢掌握在自己手里，松江布局了一批基础前沿的科研机构、集聚了一批"帅才"科学家。包括 G60 脑智科创基地、上海植物逆境生物学研究中心、上海低碳技术研究院、航空测控技术研究所和航天精密机械研究所等重大研究平台和科研院所，腾讯科恩实验室、优图实验室等全球顶尖数字研究室等。这些机构的到来，也顺势带动一批科研"帅才"进驻。在推动基础和前沿领域研究的同时，松江区还大力激发企业创新主体的积极性，支持他们抢占关键技术制高点。近两年，"松江创造"的重量级创新，从体细胞克隆猴、一类新药可利霉素，到新型航空涡桨发动机、系列先进集成电路装备与材料，构成了高端产业长期发展的战略支点，助推松江经济高质量发展。

孵化"小巨人"，培养"专精特新"企业队伍

除了大型头部企业外，松江还聚集了一批"专精特新"中小企业。"专精特新"中小企业是指专业化、精细化、特色化、创新能力突出的中小企业，而其中的排头兵当属"小巨人"企业，它们既是深刻理解用户需求的行业"专家"，也是掌握关键核心技术的配套"专家"，更是应用新技术、新工艺、新材料、新模式，不断迭代产品和服务的创新"专家"。至 2021 年 9 月，国家工信部已经公布了三批专精特新"小巨人"企业名单，松江共有 39 家国家级专精特新"小巨人"企业，数量位居全市第二。例如上海碧云天生物技术有限公司，凭借十多年来的自主研发，其科研用生物试剂产品广泛应用在国内知名高校、医院、科研院所和生物医药企业中，企业也由此跻身国家级专精特新"小巨人"企业名录。在《自然》《科学》等国际高水平学术期刊登载的论文中，有超过 12 万篇注明使用了其科研试剂产品，位居国内同行业首位。

同样上榜专精特新"小巨人"榜的上海曼恒数字技术股份有限公司，专业从事虚拟现实（VR）技术开发十余年，堪称行业领军者。早期 VR 开发引擎技术被国外垄断，曼恒通过多年虚拟现实自研技术的打造，一举解决国外"卡脖子"技术痛点，研发出了国内首款自主知识产权的虚拟现实引擎软件，如今已广泛应用于高端制造、教育、国防军工、医疗等领域，并助力国产大飞机 C919 试飞成功。

像碧云天、曼恒这类企业，尽管体量不大，却在行业细分领域默默耕耘、精益求精，占据了市场领先地位，成为行业内的"隐形冠军"。这样的专精特新"小巨人"企业近年在松江不断涌现，它们处于产业链供应链的关键环节，对产业链补链强链、解决"卡脖子"难题等具有重要支撑作用。

除了 39 家国家级专精特新"小巨人"企业外，松江还拥有市级"专精特新"中小企业 380 家，并保持稳健增长的态势。这支"专精特新"企业队伍，也已成为推动"松江创造"高质量发展的重要力量。

推动产学研深度融合，人才驱动科创发展

　　松江区通过推动产学研的深度融合，不断提升创新能力，以科创驱动"松江制造"迈向"松江创造"。重点高校和研究院所的加盟，大大提升了企业科技创新攻坚克难的能级，产学研合作也"反哺"了学研单位的学科建设，帮助高校培养了学以致用的专业人才。例如，位于松江的上海航天精密机械研究所的产学研项目——"高性能耐热铸造镁合金工程应用技术"，在2020年12月荣获上海产学研合作优秀项目奖一等奖。该项目针对新一代航天装备轻量化需求，不仅研制了具有国际领先水平、中国资源特色的高强耐热稀土镁合金材料，还在材料工艺方面实现了技术创新，填补了国内轻量化结构功能一体化的大型复杂主承力构件选材空白，更与高校共建研究生实践基地和本科生暑期实习基地，培养了一批航天领域的技术人才。

　　长三角G60科创走廊如火如荼地建设，松江的发展潜力无限，为来自五湖四海的科创人才提供了施展才华的空间。广纳海内外英才，构筑人才新高地，松江的人才集聚效应日益明显，有力地助推着"松江制造"迈向"松江创造"。"松江创造"的明天，必将更加值得期待与憧憬！

布好"两张网"，开动"智慧脑"

自 2018 年 7 月，"一网通办"总门户在"中国上海"网站上线试运行以来，上海政务服务信息化水平飞速提升；2020 年 4 月，随着《关于加强数据治理促进城市运行"一网统管"的指导意见》的提出，"一网通办"和"一网统管"成为上海城市治理的名片。作为上海信息化建设的"排头兵"，中共松江第五届委员会于 2021 年 7 月的第十一次全体会议上审议通过了《大力弘扬新时代松江精神，全面提升"科创、人文、生态"现代化新松江城市软实力的实施意见》，明确了全面提升松江城市软实力的目标取向，"现代治理走在前列"是其中重要一环。近年来的成果也表明，松江区政府用细心、耐心和巧心编织"两张网"，赋能城市治理，服务市民群众，让"科创、人文、生态"的现代化新松江生机勃勃、井然有序。

一网统管：一屏观全域，一网管全城

相比上海中心城区，松江区面积较大，单位面积投入的管理人力、物力相对较少，利用"一网统管"全面掌握城市运行情况，实现全方位、全维度的数据监管与收集，为政府科学决策提供全面、精确的材料支撑，成为松江区未来城市治理的好选择。2021年7月，松江区举办"一网统管"治理数字化转型成果发布暨应用开发推介会，分别与腾讯云、中电科数智科技有限公司签约，以人工智能（Artificial Intelligence，缩写为AI）技术为支撑，助力松江区城市"一网统管"建设。

AI技术的支撑，主要应用于城市运行之中。根据《松江区城运"一网统管"工作要点》，松江区在全区各个角落安装视频和物联感知器，确保它们能够及时感知风险，向城市运行平台反馈。目前，松江已接入公安、水务、公园视频约1.3万个，物联感知器9380个，并完成公共视频联网平台建设，升级打造区级视频汇聚系统。此外，松江区城运中心还完善了市、区、街镇三级人员管理指挥系统，落实24小时值守模式，执行突发事件半小时内口头、1小时书面的报送机制，加强与相关单位对接等，形成了线上、线下，跨部门、跨区域、跨层级的联勤联动、协同处置治理新模式，让调度指挥更直观、更集约——针对占道经营、渣土车等行为，以前主要依靠城管队员巡街管理，而在AI技术的帮助下，各个感知器将自动检测和识别违规行为，一旦检测到违规事件便会快速发出预警，利用科技手段进行自动识别、抓拍，并分发到具体负责人以便做出处理；针对过去12345市民热线"打不通、没回应"的困境，松江区政府上线"智能派单"功能，利用智能系统进行分类整理，大大提高12345市民服务热线"接诉即办"的工作效率，在新冠疫情管控期间实现"5分钟内通知到位，2小时内处置完毕"，为百姓排忧解难……今后，这样"智脑"加"人脑"的治理模式还将全面服务于社区关爱帮扶、社区健康医疗、社区绿色环保、社区协同治理、智慧物业服务等更多的场景，为地方治理提供更多便利。

一网通办：数据多传输，百姓少奔波

公交码、随申码，电子医保，电子身份证……政务服务上线以来，"一网通办"已渗透百姓生产生活的方方面面。松江区按照"总门户、总操作台、总数据库"的设计要求和"一梁四柱"的技术架构，完成统一认证、统一客服、统一支付、统一物流"四个统一"建设，并通过区级总门户、"随申办"移动端、线下综合窗口端、自助服务终端四个服务端口面向公众开放，简化办事流程，以用户需求为导向积极探索各类特色服务功能。

2019 年 2 月，上海市"市民云"正式更名为"随申办·市民云"，成为"一网通办"移动端总入口。松江区紧随其后，于 10 月启动"随申办·市民云"区级旗舰店建设，2020 年初基本建成。与市级相比，松江区级"一网通办"新增一批具有本地特色的服务，其中在职住院理赔、代办帮办服务先后被市政府列为"口碑服务"，在首页进行推介。2021 年 7 月，台风"烟花"登陆前夕，松江区气象局"气象灾害证明申请"业务入驻"随申办"松江区旗舰店，为市民申请保险理赔和维权等提供方便快捷的新途径，在全市走在前列。据统计，截至 2021 年底，"随申办"松江区旗舰店累计接入事项（服务）169 个、单位 36 家，访问量近 100 万人次。

线上有"随申办"为民解忧，线下则有综合窗口（以下简称"综窗"）提供各项便民服务。早在 2018 年，松江区就发出了全市首张"一窗通"营业执照，综合窗口建设提上日程；2019 年底，松江按照企业注册许可、建设工程项目审批、市民办事服务的改革模式，初步完成区行政服务中心综合窗口的设置。2020 年，松江区进一步优化无差别综窗和分领域综窗的设置，以及综窗系统建设等工作，并新增业务咨询专区、"一件事"主题综窗等。2021 年，松江全区综窗服务模式进一步集成优化，陆续完成了 24 个部门 348 个事项"科室代窗口"问题的整改，并启动首批 4 个部门 26 个简易事项授权综窗人员办理工作，其中注册许可综窗实现了营业执照最快当天发放，还发出了全市首张长三角"跨省通办"营业执照。

"随申办"松江区旗舰店

　　截至 2021 年底，松江"一网通办"线上、线下系统已累计接入行政权力与公共服务事项 3001 个——企业从规划用地、设立、经营、纳税、用工、变更、注销，个人从出生、落户、接种疫苗、就医、入园、入学、转学、就业、结婚、生育、退休、身故，其间涉及的重要事项都得以高效办成。除了本区，松江还将"一网通办"与长三角一体化相结合，已累计实现与苏州市相城区、嘉兴市、合肥市等 8 个城市，共计 97 个事项的办理。

　　根据"十四五"规划，松江将加快政务服务数字化转型，完善政务服务标准化建设，围绕个人全生命周期和企业全发展周期拓展更多服务场景应用，推动"一网统管""一网通办"实现从"好用"向"爱

首张企业"一窗通"营业执照办理现场

用""常用"转变。"两张网"的重点也将从目前的城市管理调整至医疗卫生、文化教育、养老服务等民生领域，并提供多元化、个性化智慧服务，使市民的感受度持续向好，获得感也显著提升。天下大事，必作于细。在细密的"两张网"的保护下，相信生活在松江的人们都能体会"城市让人民生活更美好"的真正内涵。

远方的人才请你留下来

电影《天下无贼》中有这样一句经典台词："21 世纪最重要的是什么？是人才！"人才是城市发展之本，用优质的地方公共服务政策吸引人才留下，为地方经济发展、产业升级提供源源不断的新鲜血液与强劲助力，是"产、城、人融合"理念的核心要义。从 2016 年起，各大城市的"引人大战"愈演愈烈，从最初的降低落户门槛，到如今提供就业补贴、人才公寓等，人才吸引政策也变得花样繁多起来。

根据规划，到 2025 年，松江新城常住人口将达到 95 万，基本建成具有国际影响力的科创走廊和重要科技创新策源地，基本形成独立的长三角综合性节点城市功能和地位。目前，松江新城常住人口约 82 万人，相比其他四个新城，松江新城未来可引入的人口数量最少，但这并不意味着松江可以在"引人大战"中有所保留——恰恰相反，作为上海最早建设的郊区新城，面对"重要科技创新策源地"和"综合性节点城市"两大建设任务，松江新城可腾挪的空间却很小，因此更加迫切地需要各领域高水平、高技能人才参与科创高地建设，并以此为中心打造高品质城市公共配套服务，推动综合性节点城市的建设进程。那么，如何让人才选择松江、留在松江呢？为人才就业、创业提供个性化扶持政策，增加居住、教育、医疗等优质资源供给，满足人才对美好生活的多元、多样、多层次需求，是目前松江给出的答案。

选择松江

在就业、创业过程中，哪些内容是科技创新人才最为看重的？除了稳定、宽松的工作氛围，来自政府方面的尊重与扶持也是关键的衡量因素。松江在这方面投入颇多，在落实《上海市人才工作"三十条"》的基础上，2017 年 11 月 16 日，松江区制定出台 G60 科创走廊"1 + 10"人才政策（包括《松江区关于加快 G60 科创走廊人才高地建设的实施办法》及 10 个配套实施细则），全方位为人才提供展现自我的舞台：一是改变过去对人才户籍、人才人事关系归属的严格要求，只要对松江科创发展有贡献，也可以直接享受相关人才新政的扶持；二是改变过去政府主导的人才认定方式，把市场和企业作为人才认定的主体，并鼓励科创企业高薪引才、持续育才，政府会为企业提供相应的人才补贴；三是大力吸引优秀人才入驻，并通过"G60 双百人才计划""G60 科创人才奖励计划""G60 科创团队培育计划"为其提供高额资助；四是关注大学生就业，鼓励企业招录储备优秀大学毕业生，并对实习、录用、培养给予全程跟踪与扶持。"1 + 10"人才政策对集聚高端人才和高端团队发挥了重要的作用，松江人才数量和质量均得到了显著提升。此外，松江还率先成立上海郊区首家海外人才局，并设立上海市海外人才居住证（B 证）专窗，为人才提供便捷的证件办理渠道。

2018 年，伴随着长三角一体化的快速发展，新的人才政策也逐渐成形。10 月 10 日，首届 G60 科创走廊人才峰会在松江开幕，上海，浙江嘉兴、杭州、湖州、金华，江苏苏州，安徽宣城、芜湖、合肥共计九座城市在会上签订《共建共享 G60 科创走廊人才新高地行动方案》。该方案以"合作、开放、共享"为核心理念，形成了 18 条具体措施，打破各个城市间的合作壁垒，建立"不求所有、但求所用，不求所在、但求所为"的人才柔性流动机制和一体化、便利化的人才服务机制，G60 科创走廊工匠培养基地、G60 科创走廊国际大师对接服务中心、G60 科创走廊博士后创投服务中心等 12 个人才培养基地和人才服务平台应运而生，成为人才跨区域自由流动、交流的"大本营"，长三角区域共建、共享的人才工作新格局也就此形成。

除了 G60 科创走廊本身，松江大学城内的高校资源也成为松江科技创新发展的人才摇篮。2017 年，松江区与上海工程技术大学共建成立了 G60 科创走廊高技能人才公共实训基地，并与多家企业签订了校企合作协议。上海工程技术大学的实训中心、实验室不仅向松江先进制造业企业开放，相关人员还编制了多个新技术领域的工种培训教材，为企业培养对口专业人才。

在松江区的不断努力下，截至 2021 年底，松江已有院士专家工作站 37 家，国家级和市级以上重点实验室 11 个，工程技术研发中心 20 家，六支人才队伍人员总量更是达到 31 万人，人才培养集聚效应已经显现。

上海工程技术大学（松江校区）外景。上海工程技术大学的实训中心、实验室不仅向松江先进制造业企业开放，相关人员还编制了多个新技术领域的工种培训教材，为企业培养对口专业人才

留在松江

　　俗话说"安居乐业"，除了工作环境，生活上的便捷才是让人才长久留在松江的重要因素。为了让人才"安居"，松江区政府也下了不少功夫，为人才做好完备的后勤保障工作。

　　早在 2012 年，松江区就严格执行商品住房项目配建不少于 5% 保障性住房政策，将其用作廉租住房、公共租赁住房和共有产权保障住房，解决了 20 余万户来沪务工人员、新就业职工、各类人才的住房

松江第一座人才公寓茸城新业苑

问题。2017 年，在 G60 科创走廊人才高地建设推进大会上，松江区政府就向公众承诺"5 年内推出 10000 套人才公寓"，着力打造人才集聚新高地。此后，松江重点在产业集聚区、人才集中区以及交通枢纽地区等交通便捷、生产生活便利的区域选址布局人才公寓，用 3 年时间超额完成 5 年计划。2018 年 6 月，松江人才公寓 No.001——茸城新业苑挂牌，成为全区首批人才公寓居住小区。此后，松江各类型人才公寓如雨后春笋般竞相亮相：合景天悦、林肯公园、有巢国际公寓社区、派米雷 LINK 新界……这些社会化人才公寓都具有"服务多维化、房型多样化、选择多元化"的特点，其中多数都配备"5 分钟生活圈"，租住在此的人才不仅能就近解决生活需求，闲暇时还能与同住的邻居们一起娱乐，大幅增强了人才在松江生活的获得感和幸福感。到 2022 年底，松江全区人才公寓总量将达 1.7 万余套，未来，这些人才社区将成为新的商业热点，其中也孕育新的商机。

　　与生活密切相关的，除了住宅，还有教育、医疗等公共服务的供给。早年间，松江区凭借松江二中成为郊区教育工作的"领头羊"，不少学生都慕名前来报考。但随着全市重点高中的增加，松江二中逐渐丧失了作为全市首批重点高中的先发优势。为了提升教育质量，"十三五"期间，松江坚持打造"环大学城教育新高地"，建成及启动建设学校 67 所，并继续新建、扩建 62 所新学校。越来越多的好学校建在了家门口，家长们再也不用为每天接送孩子到市区读书而奔波操心了；在医疗卫生领域，松江区目前仅有的上海市第一人民医院南部、松江区中心医院两所三级医院已难以满足需求，根据"十四五"

规划，松江将与上海交通大学医学院附属第一人民医院、上海交通大学医学院附属第九人民医院合作共建松江眼科、口腔等专科医院，提供更全面的诊疗服务。这些升级后的教育与医疗资源，人才可以通过"人才服务一卡通"获取，解决在就医、子女入学等方面的困难。

经过"十三五"的深耕，在"十四五"规划中，松江人才培育将迎来厚积薄发的时刻：除了科创，教育、卫生、文化、旅游、科技服务、影视、乡村振兴、城市规划管理、社会工作、党政人才队伍等领域也包含其中，成为专业化人才队伍的新组成部分；人才发展平台与发展服务环境进一步优化、拓展，为人才提供广阔的发挥空间；针对人工智能、集成电路、生物医药、新能源、新材料、节能环保等"6 + X"核心产业集群，则要吸纳顶尖人才与团队，打造先进制造业人才高地……以科技创新为引领，带动全区各产业全面发展。

"栽下梧桐树，引得凤凰来。"为了吸纳人才，松江在科创、教育、医疗、公共服务等领域不断完善，提升城市品质，优化人居环境；通过各种关心与帮助，人才也能感受到松江的温暖，感受到松江对人才的尊重，最终选择松江，留在松江，开启自己的职业生涯新阶段。这种双赢的局面是新城建设的一个美好缩影，化作松江对外宣传的新口号——"远方的人才，欢迎你留下来！"

环大学城基础教育新高地

2000 年，松江区和上海市签署协议，正式启动了松江大学城的建设。松江区提供了新城中位置良好土地兴建松江大学城，并全力承担入驻高校的动迁和市政配套建设等费用。2005 年，大学城基本建成，7 所高校先后入驻，形成了占地约 8000 亩、师生约 10 万人的规模。大学城中的各高校共享体育场、体育馆、游泳馆、公交枢纽站、影剧院和学术交流中心等设施以及各类课程、讲座等资源。这是上海市以及松江区实施"科教兴市"的一项重大举措，从此，松江教育开始吸引来自四面八方的关注。大学城聚集了各科、各类的众多人才，搭建了思想、技术交流的宽阔平台，成为推动城市发展的强大引擎，提供城市智慧的不竭宝藏。

而在"五大新城"之松江新城全新规划之际，为构建成体系、高品质、多样化、有特色的新城教育体系，助力打造"以科教和创新为动力，以服务经济、战略新兴产业和文化创意产业为支撑的现代化宜居新城"，人们再一次将目光投向了这座上海建立最早、规模最大、功能最为完善、资源共享最为充分的松江大学城。

"高校附校"借力 "近水楼台"转化优势

建设现代化宜居新城，必须完善教育设施配套，提升教育资源能级，扩大高校优质资源辐射。随着松江新城建设的发展以及松江经济、社会的各项进步，越来越多的人入住松江，人们对优质教育资源的期盼日益迫切。松江区在教育资源建设方面正在加快步伐。近年来，松江区持续加码，推动高校与中小学合作办学，不断提升区内基础教育的质量，拓展基础教育的内涵。松江大学城及周边的 11 所高校都与基础教育同向同行，合作共赢。整个"十三五"时期，松江区新建及启动建设学校 67 所，"环大学城基础教育高地"已初具规模。在新一轮的松江新城规划中，将持续深化环大学城基础教育新高地建设，计划新建、扩建学校 48 所。在相对"短板"的高中方面，到"十四五"时期末，松江区内至少达到 10 所公办高中、3 所民办高中的规模，其中将包含 5 所上海市实验性示范性高中、1 至 2 所上海市特色高中。

松江区借助自身优势，创新办学思路，加大基础教育与大学的合作，推动"高校附校"高起点办学，得到了区内师生家长的认可和支持。松江区已与上海外国语大学（简称"上外"）、东华大学（简称"东华"）、华东政法大学、上海对外经贸大学、上海工程技术大学、华东师范大学、上海师范大学合作，先后开办了 14 所高校附校。通过高起点办学、高水平管理，这些学校逐步成为老百姓家门口的优质学校。

松江近几年新建的学校之所以都选择了"高校附校"的定位，是基于"近水楼台"的优势转化，借助松江大学城在教育、科研等方面的优质资源，既有助于快速提升新学校的办学水平和质量，又能更好满足本地居民对优质教育资源的期待和需求。

以 2010 年开办的上海外国语大学松江外国语学校（以下简称"松外"）为例，它如今已成为松江区的标杆学校，受到了家长的高度认可。在上海外国语大学松江外国语学校，"上外"师生引领"松外"学生开展拓展课，在跨文化课堂中学习法语、德语等第二外语。每位"松外"学生在校 9 年中，能参加校内外教师、各行各业的专家们为之举办的近百场讲座和其他类型丰富的活动。

"大手牵小手"深度合作延伸"大学精神"

一系列高校附校的建立，"大手牵小手"，夯实了松江基础教育的底子。自建校起，这些学校就能充分共享相关高校的优质教育资源。一方面为高校大学生提供了实习实践场所，储蓄优秀后备人才；另一方面也倒逼大学教师进一步提高自身知识储备，改变现有的教育方式和教育手段，从机制上鼓励大学老师参与基础教育建设探索，协助附校，开发校本教材，让更多中小学生接触到含有大学基因的优秀特色课程。

东华大学（松江校区）

在东华大学附属实验学校（以下简称"东华附校"），初入学校的人都会被墙壁上两个磅礴的大字"经纬"所吸引。"经纬"指的是我国传统纺织物中的纵线和横线，而这所"东华附校"的"经纬文化"，就源自东华大学的纺织学"基因"。东华大学校园里的上海纺织服饰博物馆等也定期向附校的中学生们开放。以衣载道的中华服饰文化，可以让学生在校园时装周、情景秀等生动体验中，了解服饰文化变迁、触摸传统文化脉络。将大学精神延伸到附校，让中小学校共享大学精神与文化，有助于引导学生从小树立正确的价值观。

东华大学现有超级组男足、超级组女足、田径队、手球队和射击队5支高水平运动队，旱地冰球也多次获得全国冠军和上海市冠军。大小"东华"手牵手，不仅从足球共建项目合作到网球项目引进，还融合了旱地冰球等课程资源，使大学体育资源对附校的支持不断实现跨越式发展。目前，"东华附校"已逐渐形成了一年级轮滑、二年级足球、三年级网球、四年级旱地冰球、五年级垒球、六年级拳击等"一校多品"的体育教学特色。

高校老师走进中小学，不只是带动一个班或上好一堂课，还要培养一批优质老师。2021年9月，大小东华共建服装设计创新工作坊，于晓坤副教授为附校教师做服装设计课程的培训。老师们不仅学会了布艺巧包装、创意布贴画，还开设出"小小裁缝师""创意小饰品"等布艺课程系列。从校徽、校训、校报，到课程、师资、社团，在大学指导下，由扶到放，"附校"逐渐形成"小东华"特色校本课程。

上海对外经贸大学附校，紧紧抓住上海对外经贸大学的金融和英语两大特色，聘请大学各个学院的教授担任负责人，优秀教师和研究生共同参与，组织编写适合中小学生的经贸系列校本课程。这套课程涵盖"生活中的货币""生活中的金融""生活中的投资""生活中的管理""生活中的法律"等，非常有利于提高学生"财商"素养。

新建的上海外国语大学附属外国语学校松江云间学校（简称"上外云间中学"）将引入上海外国语大学十门小语种等优势学科。上外云间学校将和上海外国语大学及上海外国语大学附属外国语学校（简称"上外附中"）共享所有教学资源。上海外国语大学及附校将选派其教师和管理人才队伍中的精兵强将参与合作办学，构建教学及科研新平台，探索基础教育和高等教育衔接新模式，在特色课程开发、教学科研实践、师资队伍培训、校园文化建设、教育改革实验等方面给

上海外国语大学附属外国语学校松江云间小学

予上外云间中学专业的指导。

在松江，不仅十余所高校附校受益于本地丰富的高校资源，松江区内的各中小学校与各高校之间也保持着紧密合作。特别是在学区化、集团化背景下，探索大学、区域教育行政部门和中小学校深度合作，松江区已逐步走出了一条促进区域教育优质均衡发展之路。松江高校将主动参与中学开设的学业体验课程、融合拓展课程、生涯规划课程等，满足学生成长的多方面需求，实现家长的多方面期待。这也有助于破除大学与中小学教育间的壁垒，传递好育人"接力棒"。这些举措，较好地落实了教育"立德树人"的根本任务，也提高了学生的综合素质。

　　一个地区的持续发展，需要雄厚的智力支撑，不断发展的松江一定会对人才产生越来越旺盛的需求，全力打造的"环松江大学城教育新高地"，也会以不断提升水平的中小学基础教育，为松江地区吸引并留住人才提供越来越强大的支撑。

　　在上海最有底蕴的城区，遇见人民最满意的教育。推动优质教育配套提质升级，促进教育优质资源均衡，让越来越多优质教育资源落地松江，造福松江百姓，这是松江新城由承接中心城人口和疏解中心城功能，形成独立综合性节点城市的关键之一。期待"松江教育"接续松江高质量发展的澎湃动力，承载松江人民对高品质生活的美好向往！

15、30、45、60，直达美好生活！

英国国家统计局 2014 年公布的一份调查显示，通勤时间会明显影响一个人的幸福感，日常通勤所需的时间越长，幸福感越低。其实，不仅是上下班的通勤时间，人们在计划一件事情时通常都会考虑一下"时间成本"。比如，很少有人愿意来回一小时去健身房锻炼，而情愿在小区周边慢跑、散步；与其下班后再挤一趟公交或地铁去大超市买菜，不如宅家网购、点外卖；如果先得花两三个小时赶到火车站、飞机场，恐怕旅行还未开始已兴致减半……

幸福生活无小事，为打造一个符合人民对美好生活需求的松江新城，"一步直达"的便捷性是一项不可或缺的保障。

"15 分钟社区生活圈"满足日常"小确幸"

为了解决城市规模不断扩大带来的生活"副作用"，上海在 2014 年即提出了"15 分钟社区生活圈"的概念，即在市民 15 分钟步行范围内，建设"宜居、宜业、宜游、宜学、宜养"的社区生活圈。15 分钟社区生活圈是指居民出门 15 分钟步行可达范围内，具备生活所需的基本服务功能和日常生活的公共活动空间，以满足日常生活的需要。

这些年来，松江区因地制宜、因需制宜，在"圈"中做学问。3平方千米、15分钟路程，就能满足生活所需的基本服务功能与公共活动空间，这就是"15分钟社区生活圈"的题中之意，是建设一座人民向往的松江新城的应有之举。紧紧围绕居民的衣食住行，从养老、医疗、健康、文体、购物等多方面共同发力，营造便利、健康、共享的品质空间，让居民有更多获得感、幸福感、安全感。人们日常生活的"小确幸"不少就来自这些看似寻常却是倾力打造的"15分钟社区生活圈"，特别是将眼光聚焦于老年人、未成年人群体，让幼有所学、老有所乐，让每个人都能感受到这座城市的温度和生活的美好。

至 2025 年，新城社区级公共服务设施 15 分钟步行有望可达覆盖率提升至 85% 以上。

新一轮的松江新城规划将积极推动公共服务从均衡化向优质化提升，努力实现幼有善育、学有优教、劳有厚得、病有良医、老有颐养、住有宜居、弱有众扶，让市民享有高品质生活，重点拓展养老、医疗、教育、儿童、文体、商业等基本公共服务事项于一体的社区综合服务设施。在保障覆盖面的基础上，积极提高"15分钟社区生活圈"的质量。

更重要的是，"15分钟社区生活圈"并不是封闭的概念，反而因为交通变得四通八达，让人们直达更广阔的美好生活——

"30、45、60"为美好生活赋上"加速度"

新城建设，交通先行，松江区按照上海市的要求，结合松江实际，到"十四五"末，将形成支撑"30、45、60"的独立完善的综合交通体系，简要来说，就是 30 分钟实现松江新城内部和周边城镇的日常通勤，45 分钟实现松江新城与中心城区和其他新城乃至嘉兴、杭州、湖州等"近沪城市"的便捷通达，60 分钟实现松江新城到虹桥、浦东等门户国际枢纽的畅通直达。这一体系包含三个层次：

一是联通长三角，提高长三角地区互联互通水平。作为上海西南方向的发展重镇，松江区正着力打造通往长三角主要城市的"一小时交通圈"。作为其中的重要组成环节，高铁的重要性日益凸显，松江枢纽的建设遂成为关键。它将是继上海虹桥站之后的又一综合枢纽客站。依托沪苏湖铁路建设而升级为综合枢纽的松江南站，是松江新城对外交通的核心。自 2020 年 11 月起，沪苏湖铁路的建设工作已经有条不紊地展开。根据计划，这里将在 4 年内建起一条贯通上海市西部、江苏省南部和浙江省北部的高速铁路，与商合杭铁路、宁杭高铁、湖杭高铁连成一体，打开来往于上海的第三条高速铁路通道。而松江南站也将从现有的"2 台 4 线"升级为"9 台 23 线"，站房面积从不足 8 千平方米扩展到 6 万平方米。同时，站内预留了城际铁路、市域铁路的接入条件，未来还将引入市域铁路嘉青松金线、东西联络线。

松江枢纽是松江新城建设的重要发力点和主战场，是服务、辐射长三角的战略支点，它将在 2024 年 7 月份沪苏湖铁路全面建成通车以后同步启用，年客流量将达到 2100 万人次，可直达 80% 以上长三角主要城市。松江枢纽核心功能区规划面积 2.47 平方千米，集综合交通、科技影都、现代商务、文化旅游、智慧物流等功能为一体，将成为松江新城未来的中央商务区。松江枢纽的打造，将使曾经的铁路过境站松江南站一跃成为上海向西辐射长三角和全国的主要节点枢纽，成为长三角更高质量一体化国家战略和长三角 G60 科创走廊的重要支点和引擎。

二是"快联"中心城，实现松江新城与中心城区和其他新城间的"快进快出"。松江新城不只是松江的新城，更是上海的新城，加强与中心城、与其他新城的联系，显得尤为迫切。这个目标又要经过三个方面的努力：轨道交通方面，9 号线的运载能力接近极限，在为 9 号线不断增能的同时，松江也加紧新建、延伸 3 条新轨道交通——12 号线、23 号线、9 号线与 17 号线轨道连接线。12 号线向西延伸部分全长约 15.6 千米，将覆盖松江大型居住社区、长三角 G60 科创走廊、临港松江科技园区等区域。23 号线是将松江南站与松江南部区域连接在一起的桥梁，并与有轨电车、地面公交等其他交通工具共同构成高、中、低运量公交系统。9 号线与 17 号线的轨道连接则主要为加强佘北大居、泗泾大居与佘山旅游度假区之间的互动往来。此外，加快研究浦东枢纽和松江枢纽的东西联络线以及市域铁路嘉青松金线的建设方案。快速路方面，在沪松公路、辰花公路两条地面道路上再叠加一层高架，使其成为立体、全面的交通走廊。沪松公路北接漕宝路，南接松卫公路，是连接上海西南与中心城镇的桥梁。沪松公路的快速化改建不仅可以提高沪杭发展轴交通保障，进一步服务 G60 科创走廊发展，还能使其成为松江枢纽与虹桥枢纽快速联系、松江枢纽快速集散的重要通道，支撑松江枢纽作为服务全市范围的城市级枢纽的功能需求。而辰花公路作为东西横穿松江全境的主干道之一，是全市交通的"大动脉"。改建后的辰花公路将新增一条松江与中心城区的快速联系通道，以缓解日益拥堵的困境。高速路方面，目前已有五条高速公路在松江过境，新城建设需要做的是尽可能新增匝道出入口。现已知将新增 G60 莘砖公路、S32 玉树路立交等四个高速匝道出入口，打造便捷高效的新城出行环境。

三是优化内部交通网络，完善新城路网格局，提升路网功能，提高通行效率。主要是构建"两张网"，一个是快速道路网，将以新城内部任意点 10 分钟内进入高、快速路系统为目标，启动新城内部环城快速路建设，正在规划的全线高架均为双向 6 车道。第二个是公共交通网，将按照新的产业方向、新的人口集聚区特点，进一步优化公交线路。公交线网布局将做出大幅度调整，使其更加合理和便捷。更为重要的是，新城将着力打造中运量骨干公交网络。在既有两条有轨电车示范线的基础上，进一步织密新城的中运量线网，达到结点成网的效果，让在上海极具特色特点的中运量发挥应有的作用。此外，还将进行新城内部道路的智慧化建设，包括慢行系统、停车系统，等等，在智慧城市建设当中不断提升整个城市的智能化水平。

通过"30、45、60"的交通规划，将打造一个现代集约、功能完备、智慧生态的综合交通体系，为松江新城实现更美好的生活赋上"加速度"！

松江有轨电车

功能聚核，万象更新

面向国际高端供应链的门户物流中心

科技影都，筑梦东方

江南春水绿如蓝

"硬核"粮仓的华丽转身

采石坑里的"世界建筑奇迹"

"五谷丰登"待君来

面向国际高端供应链的门户物流中心

随着全球贸易的不断深化与发展，物流运输能力逐渐成为一个国家或地区综合竞争力的衡量因素之一。作为全国经济发展的"领头羊"，上海也在物流建设方面下足功夫，除了我们熟悉的洋山深水港物流园区，还有外高桥保税物流园区、浦东空港物流园区、西北物流园区等三大物流集散中心，承担着进出口加工与中转服务的职能。其中洋山深水港物流园区和外高桥保税物流园区是海运口岸型，主要通过海运开展业务；浦东空港物流园区是航空口岸型，主要通过航运开展业务；西北物流园区则是陆路口岸型，主要依托公路、铁道开展业务。整体上看，虽然上海物流的运输方式涵盖了"海陆空"，较为全面，但每个独立园区的运输方式都较为单一，在一定程度上限制了全市物流能力的进一步提升。那么，是否有这样一个地方，既能同时开展"海陆空"三种运输方式，又有足够大的空间建设综合性物流集散中心呢？通过考察与研究，答案渐渐明晰起来——松江。

广纳英才，物流商机初显现

早在 21 世纪初，松江就成为上海物流建设的"先行者"——

2000 年，经国务院批准，全国首批试点的 15 个出口加工区开始建设、运营，其中就有松江出口加工区 A 区，主要开展信息制造业方面的业务。由于区内生产的产品不收关税，且专用于出口，使得产品在他国市场拥有足够强劲的竞争力，一时间成为各大工厂、企业关注的焦点。当时来自台湾的世界 500 强企业——广达集团，本已在南方某城市完成了合同谈判，建厂在即，但听说松江出口加工区的优惠政策后，又"骑驴找马"，来到松江实地考察，并最终决定在这里建厂。除了广达集团，还有大量外资企业前来走访、咨询，在开启招商仅 8 个月后，松江出口加工区即宣告"客满"，共计有 26 家企业注资，首期投资高达 5 亿美元。在经济高速增长的时代背景下，A 区的成绩也节节升高，很是亮眼：比如广达集团，在投产第二年，旗下的达丰公司出口额便已达 9.8 亿美元，跃居上海市外商投资出口创汇第一名；到 2005 年，其笔记本加工线全部迁至松江，月产量达 150 万台，当时甚至一度有"全球每 3 台笔记本电脑中，就有 1 台是上海松江制造"的说法。

随着以广达集团为代表的加工制造业的发展壮大，各类电子器械生产基地在 A 区拔地而起，到 2003 年，A 区出口额就突破 20 亿美元大关，位列全国出口加工区首位。A 区亮眼的成绩单也让国家放心地加大投入，2003 年 3 月 14 日，经国家海关总署批准，松江出口加工区 B 区正式设立。B 区位于松江科技园区内，紧邻松江新城和松江大学城，重点发展为集成电路（Integrated Circuit，缩写为 IC）企业配套的出口型企业及其他以出口为主的高新技术企业。新的商机吸引更多企业前来注资建厂，松江出口加工区也以一己之力扛起了全国出口加工区出口总额的半壁江山。

面对每天出产的大量商品，众多世界物流公司看到了其中蕴含的商机，纷纷投资松江。2005 年，宜家物流接连在松江注资建设两个巨型仓库，占地面积共计 12.85 万平方米，不仅可以配送国内产品到整个亚太地区，还可以直接组织进口欧洲产品销往亚太地区宜家商场；意大利物流行业的排头兵维龙物流紧随其后，在洞泾新建公司地区总部、管理中心和信息中心；美国普洛斯信托公司斥资 3.2 亿美元，在松江出口加工区建设物流配送设施网络；由阳明海运、好好国际物流、中华航空和大荣汽车货运四家公司共同组建的阳明物流则将"海陆空"物流优势尽揽旗下，与普洛斯信托公司争夺市场。在各方势力的作用下，松江出口加工区物流产业分为东、西、北三部分：东部物流基地以区域物流和内陆物流为主，是综合性较强的物流基地；西部物流基地以普洛斯、阳明物流为主体，主要提供货物集散、货物储存、信息服务、电子商务等服务功能；北部物流基地则以宜家、维龙为首，以推进上海市区的城市商品的流通配送为发展目标，同时满足松江新城对商业物流的需求。

地利尽显，集散中心渐成形

大型国际物流公司的入驻填补了松江物流产业的空白，眼看区内物流产业有了雏形，松江开始分析建设物流集散中心的可行性。2006

年 12 月，松江区召开现代物流业发展国际研讨会，就如何加快松江区现代物流业发展问题邀请专家学者进行交流和研讨。从地理位置来看，松江建造物流中心有其得天独厚的优势，那就是"海陆空"皆可的运输方式：走水路，松江出口加工区距离吴淞港 47 千米，那里有 3 个千吨码头，可以储放货物；走铁路，松江有一条贯穿松江工业区的国家铁路干线，到市区的轻轨也在建设过程中，未来无论是人还是货物，往来输送都较为便捷；走公路，不仅周边有沪杭高速公路、同三国道、嘉金高速公路、松闵公路、沪松公路等主要干道，与市区外环线也不过 18 千米的距离，算得上是松江公路网络的一部分；走航运，这里距上海虹桥国际机场 20 千米，距上海浦东国际机场 42 千米，运输成本都在可以接受的范围之内。再加上松江本身较高的工业发展水平，完全可以通过发展物流产业，进一步提升全区制造业规模与竞争力。于是，2007 年，松江出口加工区被国务院批准为全国七个试点出口加工区之一，在原先的保税加工功能之外，拓展了保税物流功能，并取得了开展研发、测试和维修等新业务的试点；松江区政府也坚持"政府引导、企业运作、规范市场、配套环境"的发展方针，在积极引进国内外著名物流企业、大力发展电子商务物流，培育和壮大松江物流产业链的同时，建设陆运、水运、空运相互衔接配套的运输网络与物流园区。

然而，2008 年全球金融危机爆发后，"产业西迁"成为上海出口加工区的心头阴影。2010 年，受制于土地、用工成本攀升，大量工厂企业开始往内陆迁移，出口加工区风光不再；2014 年，跨境电商崛起，它们对落户出口加工区跃跃欲试，但受制于政策限制，又无法在区内开展业务。2015年起，在海关总署指导与支持下，上海开始加快推进出口加工区转型升级为综合保税区的工作，从原先以外向型加工贸易为主，拓展到国际转口贸易、国际采购分销、保税研发、检测和售后服务维修等业务，涉及面更加宽泛，物流业也更具发展空间。根据"十四五"规划，松江将打造"松江枢纽"现代物流体系示范集聚区，形成铁路、水路、陆路多式联运的智慧物流港。相信在未来，松江出口加工区将与G60科创走廊、松江南站高度融合，成为"一廊九区"中不可忽视的组成部分，为松江成为服务长三角、辐射全国的综合性节点城市贡献力量。

松江出口加工区

科技影都，筑梦东方

随着人民精神文化水平的日益提升，电影、电视剧逐渐成为家家户户茶余饭后的谈资与消遣：《情深深雨濛濛》中上海陆家人的恩怨纠葛；《霍元甲》中霍元甲连克西洋高手的宗师风范；《建党伟业》中青年志士救亡图存的豪情岁月……民国上海的众生百态，通过荧幕走进千家万户，成为一代人的共同记忆。这些优秀的影视作品有一个共同点：片中出现的"十里洋场"，其取景与拍摄大都出自上海车墩影视基地，而这里也是松江"十四五"规划中做亮、做强"上海科技影都"品牌的关键所在。

一超多强，影视产业全面落地

车墩本是一个以农业、工业为经济支柱的小镇，之所以与影视结缘，还要归功于一位香港巨星。20世纪90年代正是香港功夫电影的黄金年代，成龙拍摄的《醉拳》更是火遍大江南北。由于故事发生在民国时期的广东、上海一带，两地都需要进行实地取景与拍摄，可出于工期与成本上的考虑，制作团队最终决定将大本营放在上海，并在车墩布景，凭空造一条充满广东特色与风情的"南方街道"。电影

拍摄结束后，"南方街道"也没了
用武之地，眼看要被废弃。就在这
时，上海电影集团下属的上海电影
制片厂发现了"南方街道"蕴含的
发展机遇，他们提出用市区徐家汇
土地与车墩进行置换，对"南方街
道"进行扩建与改建，使其成为一
个综合性影视拍摄、制作基地。事
实证明，这是一个极具超前眼光的
商业决策，不仅为上海电影集团带
来了巨大的经济效益，还为其他
电影制片厂的发展提供了参考案
例——西安电影制片厂、北京电影
制片厂都曾借鉴上海电影制片厂这
一土地置换的模式，在郊区、邻县
建立自己的影视基地，创造了丰厚
的收益。

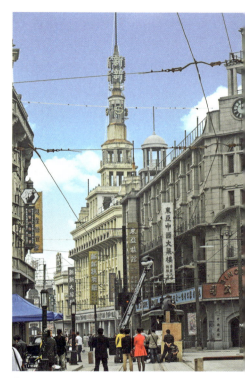

车墩影视基地的老上海街景

　　上海电影集团拿下车墩 450 亩土地后，先后投资了 1.9 亿元人民
币，计划将车墩上海影视基地打造为集影视拍摄、旅游观光、文化传
播为一体的上海影视乐园。1988 年，车墩影视基地一期规划设计开启，
根据上海的建筑特征与历史文化，上海影视乐园精心打造出一条 1000
米长的"30 年代上海南京路"，老式的石库门里弄，西式的花园洋房，

中式的复古阁楼……上海滩十里洋场的万千风情，这里一应俱全；此外还有"上海大戏院""上海老城厢""欧洲建筑群""苏州河港区""浙江路桥""湖山区"等标志性的景点，以满足其他场景的拍摄需要。除了建筑，这里还建有六个组合式摄影棚，并提供老式汽车、器材、枪械等相关道具，为影视拍摄提供一站式的配套服务。

1992 年，经过 4 年精心准备与设计，上海车墩影视基地开工建设，并于 1998 年完成一期工程，对外开放。从开放起，车墩影视基地就成为全国乃至全球最为热门的片场之一——上海电影制片厂的献礼剧《邓小平 1928》，美国电影《奇袭战俘营》，日本电影《军火》，英国电影《伯爵夫人》都在车墩影视基地拍摄取景；经典电视剧《辛亥革命》《橘子红了》《粉红女郎》也都在这里完成了大部分的摄制工作。1999 年，以明清江南水乡风貌为特色的胜强影视基地也在松江建成，两大基地成为上海影视的主战场。影视基地的成功也吸引了文化产业入驻松江，2009 年起，仓城影视文化产业园区和"叁零·SHANGHAI"文化产业园先后落成，松江影视产业从单一的影视拍摄基地向全面包揽制作、发行、交易的影视产业园区转变。

2011 年，上海影视乐园二期开工建设，车墩影视基地规模从原来的 450 亩扩建到 615 亩，静安寺路电影主题街区和"陕南村"影人公寓也拔地而起。其中，静安寺路逼真地复原了 20 世纪上海二三十年代商业街风貌，重现了"凯司令"西餐社、"彩虹酒吧"和"得意楼"茶楼等经典电影场面，为剧组提供更精致的内外景拍摄场地。新建后的车墩影视基地得到更多剧组的青睐，共计有 300 余部电影和 900 余

部电视剧在这里完成拍摄。同年 12 月，上海影视乐园被批准为国家
3A 级旅游景区，2017 年 1 月提升为国家 4A 级旅游景区，成为上海
市民观光旅游、婚纱拍摄的好去处。

政策扶持，"科技影都"未来光明

面对良好的发展态势，松江政府也在政策层面为影视产业保驾护
航——2018 年 6 月 16 日，第 21 届上海国际电影节开幕，松江区政
府与上海国际影视节中心一同在活动期间举办"科技影都"新闻发布
会，发布《松江科技影都总体发展策划》，打造对标国际一流的、全
产业链的平台型影视产业基地。在政策鼓励下，以华策"长三角国际
影视中心"、昊浦影视基地、中视儒意影视基地和星空综艺影视制作
研发基地为代表的一批高科技影视基地先后落户松江，科技影都渐具
雏形。

2019 年 6 月 19 日，第 22 届上海国际电影节上，松江区政府又
发布《上海科技影都总体概念规划》和《松江区关于促进上海科技影
都影视产业发展的若干政策》，以"双核驱动、四片联动、八点带动"
为宗旨开辟松江影视产业新局面。根据规划内容，松江将在新城南部
建造上海科技影都，分为华阳湖、高铁枢纽、永丰、车墩四大区块。
华阳湖区块以文化演艺场馆为主，酒店、商场为辅，建设综合性影视
文娱活动中心；高铁枢纽区块则以交通为核心，依托松江南站枢纽商
务区承担影视版权交易、金融服务等功能；永丰区块注重探索实验，

胜强影视基地

着力建设影视创制企业集聚地、影视双创孵化基地和实训基地；车墩区块则以上海影视乐园为招牌，发挥其国家级 4A 景区的品牌优势，打造集拍摄、制作、体验于一体的影视特色小镇。

在政策指引下，上海科技影都建设工作全面展开。截至 2020 年底，松江已集聚车墩影视基地、胜强影视、盐仓影视基地、图工水下摄影棚、济众影视基地、聚鹰堂影视基地等 12 个专业影视拍摄基地、79 个专业影棚、23 个市级影视拍摄取景地，《建军大业》《叶问 4》《那年花开正圆》《老中医》等极具热度与话题性的优秀作品纷纷问世。而在"十四五"规划中，总投资超过百亿元的影视产业重大项目还将落地松江，高科技影视基地、影视培训教育和影视公共服务平台等要素正加速集聚，共同打造"上海文化"品牌的精品力作。2022 年 2 月，九峰三泖影视基地也正式揭牌，以新媒体、微电影、剧本杀为切入点，打造独树一帜的文化创意园区，为年轻导演、编剧、艺术家和从业人员提供施展才华的舞台。

作为中国电影的发祥地，上海在中国电影史上占有举足轻重的地位。而伴随上海科技影都的进一步建设，未来必将出现更多上海制造的影视佳作，带给我们更多的惊喜与感动。

江南春水绿如蓝

松江自古便是"水乡泽国"，是长三角水资源最为丰富的地区之一，如今依然流传着"三泖九峰"的故事。不过，松江的水文环境并非一成不变，事实上，松江之水也跟随时代浪潮历经起起伏伏，最终才成为今天"水清、河畅、面洁、岸绿、景美"的美好模样。

从有到无：赖以为生的"松江水系"破坏殆尽

松江水系的形成，可以追溯到唐宋时期。根据古籍中的江泖情况推算，古时松江地区的水面积约为如今的数倍，唐宋以后，随着商业兴起，松江人口迅速增长，原有的农田已无法供养起如此多的住民，农民们便利用圩田经验，将大片靠江、靠河的湿润土地围裹成农田，原有的水面积开始大幅消退；而当被围垦的湿土地过多时，河道又变得过于狭窄，太湖等上游的入海口、泄水口变得拥堵不堪，尤其是到了丰水期，原先可以当成"天然水库"，起到蓄洪作用的湿土地已不复存在，一旦水位超过筑堤就会造成水灾，造成不小的损失。于是，松江人民又依据地势、水势的情况挖河道、修水利，逐渐形成了广阔、细密的水路体系，不少小有名气的自然景观也陆续出现：吷鹤

松江古镇

滩、白龙潭、小湖……可惜后来都因泥沙堆积、填土造田等原因消失得无影无踪。

到新中国成立时，松江城区河道纵横成网，光是桥就有 108 座之多，足以见得河道之密。凡是宽阔的大道旁大多有小河流淌，居民也临水而居，依河而生——有脏衣物时便拿去石滩涂洗涤，买东西、买河鲜便与家门口往来穿梭的小商船、小渔船打招呼，天气热了，不讲究条件的劳动者也把河水当作天然澡堂，在里面清洗身体……如今有不少地方凭借美丽的水景被称作"东方威尼斯"，其实单论对河道的依赖与共生程度，新中国成立初期的松江才是名副其实的"东方威尼斯"，而且还多了一份江南水乡独特的韵味。

　　然而，由于城市发展与经济开发的需要，松江人曾经赖以维生的水路体系逐渐崩溃：自 20 世纪 60 年代起，松江城内大量小河道被填为平地，用于兴建工厂企业与居民住宅；河道消失，分支形成的小湖泊失去了活水，纷纷成为仅剩死水的"臭水浜"，令人避之不及。到了"文化大革命"时期，在"备战、备荒"的指示下，松江全民挖防空洞，大量被挖出的泥土无法处理，正好就成了填埋"臭水浜"的原材料。于是，短短几年时间，贯穿松江的水路体系损毁大半，往昔寻常的水乡场景湮灭得无影无踪，只有几条主要河道得以保留，供居民取水使用。改革开放以后，松江商业迎来大发展，大量企业进驻园区，主要河道也未能幸免——当时人们的环境保护意识并不像现在这般强烈，大量的工业废污水与生活用水直接排入河流，松江水污染问题逐渐突出：如"排污大户"上海松江纸浆厂的废水就直接排入市河中，导致河水终年呈褐红色并散发恶臭，老百姓自然也无法从中取水饮用、洗涤衣物。直到 1993 年 5 月，上海松江纸浆厂按市政府要求迁移至奉贤星火农场，市河的水质才稍显改善。

　　从地理条件与历史脉络来看，松江并不缺水，也拥有多样的水文环境与丰富的水乡文化，但在急剧的时代变革中，在缺乏足够的环保知识与生态理念的情况下，松江独有的建立在"水"上的生活已经无法存续，如何尽可能地将其保留下来并逐渐完善修复，成为一个紧要的问题。

失而复得：山青水绿的"生态松江"重现世间

早在 1979 年工业发展正盛之际，就已有人意识到河道缺失可能导致的生态风险，松江也开始积极筹建污水处理厂。经过 6 年规划建造，1985 年 9 月，污水处理厂第一期工程竣工，每天可以处理 2.7 万吨废污水，市河缓解了部分压力；2000 年，污水处理厂第二期工程竣工，日废污水处理能力提升至 6.8 万吨。但随着松江工业企业和市民数量的迅速增加，废污水排放量与日俱增，松江污水处理厂无法承担全区所有污水的清洁工作，部分企业的废污水未经处理直接排放，严重破坏了河水质量。考虑到新城建设过程中废污水有增无减，松江计划另开三家污水厂。2003 年，松江西部污水处理厂竣工，日废污水处理能力达 5 万吨，主要承担松江科技园区、松江大学城、佘山镇、石湖荡镇以及永丰、方松两处街道产出的废污水。而松江东北部、南部两家污水处理厂也分别于 2004 年、2005 年建成使用，将九亭、泗泾、洞泾、新滨、泖港等地的污水处理问题一并解决，松江区日废污水处理能力达到 33.3 万吨，水环境得以明显改善。

除了治水，沿河造林工作也在紧锣密鼓地展开。2003 年起，松江区在黄浦江及其主要支流两侧建设起生态公益林地——黄浦江水源涵养林。由于松江浦南地区分流河道多，涉及沔河、斜塘、园泄泾、黄浦江，大泖港、叶榭塘等 5 条市级河道，使得涵养林的分布范围也极广，分布在永丰、石湖荡、小昆山、车墩、新浜、叶榭、泖港 7 个街镇，实际种植的林地竟达 1.87 万亩之多。这些林地大多由原林业养护社工作人员承包，负责林地巡护、杂草控制、林地保洁、沟系清理等工作，政府则出资进行补贴。在长期维护下，涵养林逐渐成形，原先杂草丛生、垃圾随处可见的脏乱滩涂变得干净、养眼，萌发出盎然生机。

近几年来，除了继续加大废污水处理与植树造林的投入，松江区还规划部署，推出新举措，重新打造属于松江的水资源保护体系：2016 年 9 月，《松江区"河长制"实施方案》《松江区"消除黑臭河道、打通断头河"300 天攻坚战行动方案》两份计划书出台，并成立区水环境治理工作领导小组，建立"区、镇、村"三级河长体系，全区实现 620 名河长全覆盖；不久后，又推出"松江河长"App，包含了湖分类管理、数据资料、事情协作申请办理等作用，实现了"巡河制度化、数据实时化、问题解决高效化、管理常态化"；2018 年，《松江区消除劣 V 类水体三年行动计划》出炉，松江制定了"一河一策"整治方案，以"控源截污、河道整治、工业污染整治、农业面源治理、生态修复、长效管理"为六大重点，稳步提升河道水环境质量。

在规划指引下，全区河道疏浚工作与水文环境保护工作全面铺陈开来，全区水环境面貌持续改善：2018 年，松江针对二级水源保护区内的企业开展清拆整治工作，地处"浦江之首"、三江汇源之处的石湖荡镇东夏村在短时间内就清拆了 14 家从事塑料加工、景泰蓝制作等工作的企业，并在这些企业旧址上种起生态林，在减排废水的同时，加强生态建设，被评为生态保护类市级"乡村振兴示范村"；2019 年 4 月，泗泾塘河道整治（一期）工程开工，不仅清洁了水质，河边还修了一条步道，建起了泗滨绿地公园，成了滨河景观的打卡地；2020年，小昆山3号河滨河绿地正式开放，在松江科技园区东侧建起一座1.3万平方米的天然植物园，获评上海市第三届"最美河道"系列创建评选活动"最佳河道治理成果"奖项……此外、以东升港慢行绿道、朱家浜河道为代表的可赏景、健身的亲水绿道也备受人民好评，是老百姓茶余饭后的好去处。

而在"十四五"规划中，围绕"水"的治理工作仍在继续：松江西部污水处理厂、松江污水处理厂有限公司将迎来扩建，废污水处理能力更上一层楼；泗泾塘与洞泾港准备开展河道整治工程，打造"水清岸秀，绿树成荫"的生态美景；叶榭镇与泖港浦江源河道的水质提升与水生态修复工作也提上日程，打开绿色可持续发展新局面。

绿水悠悠，碧波荡漾，这是曾经独属于松江的水乡情怀。在发展中，我们一度丢失了它，但最终又认识到它的价值，开始尽力挽回。相信在各方的努力下，"江南春水绿如蓝"的美好景象将再次在这片土地上生动展现出来，成为松江生态文明建设工作最美丽的名片。

"硬核"粮仓的华丽转身

在松江老城的南部，人民河北岸，有一个"古今交织"的地方。昔日，它聚集了一批形制特殊、技术领先的粮仓和厂房，培育了松江标志性的"粮食文化"。今时，它摇身一变，成了时尚新潮的"网红"文创园，为新时代的"人文松江"添上一抹饱满的亮色……

沃野千里孕育"硬核"老粮仓

松江素来享有"税赋半天下""衣被天下"的美誉，从明代开始就是朝廷漕粮主要来源地与储存地，也是江浙一带粮食的主要集散地之一。

古代的松江府城，米业兴旺，漕舟云集，水运繁忙，粮食及与粮食有关的经营行业长久以来就是这里的支柱产业。在府城南门附近，有一片肥沃的土地，土质是有名的青紫泥，造就良田千顷。每逢丰收，无数石粮米就被送入附近的粮仓储存。古浦塘南端，在明代建有西水次仓和仓城。入清后，贮存华亭等四县税粮的仓城增建厫房，多达400间，为天下粮仓之一。久而久之，这里形成了独特的"粮食文化"。明末文化名人董其昌、陈子龙居住在此附近；明末徐光启的农学名著《农政全书》在此刊印；1705 年、1707 年，康熙皇帝两次巡幸松江，在此射箭讲武；这里的上海洋炮局是中国最早兵工厂；光绪年间的《重修普照寺碑记》在云间粮仓被发掘出土；现代诗人戴望舒在这里写出名作《雨巷》……

中华人民共和国成立以后，这里仍然承担粮食储存的重任。

1949 年 5 月，松江解放。1950 年下半年，中国粮食公司松江支公司在松江县城南门新建三幢新型粮仓，容量 5400 吨，定名为"第一仓库"。1953 年 4 月，第一仓库与松江专署粮食局直属粮库合并，更名"南门粮库"。那个年代，粮食问题关系着生存，粮食的保管至

云间粮仓的大型艺术装置

关重要。南门粮库主要用作粮食的收购、存储、加工。由于当时交通很落后，主要依靠水运，因此将粮库设置于人民河大码头，非常便于进出转运。农民交粮船的船舱直接对准"吸粮口"，然后运到中转房，最后到仓库。20 世纪 50—80 年代，南门粮库中陆续建造了"苏式仓"、简易仓（平房仓）、房式仓等形制的粮仓。

"苏式仓"俗称"万担仓"，是一种散装粮平房仓，作为苏联的援建项目，是中苏友好的产物。这里有数十座"苏式仓"至今保存完好。这些苏式粮仓几乎与共和国同龄，其建筑结构复杂，仓架为全木结构且跨度大，屋面铺板紧密，内部的房梁纵横交错，排列有序，整体外形壮观，极具艺术美感和科学研究价值。仓内所有望板、椽子、梁架及圆立柱均用桐油浸刷多遍，其纹理至今看上去仍自然、清新。现存质量如此完好、规模如此壮观的苏式粮仓建筑，全国也已不多见。这是松江粮仓文化史上的一个重要印记。

从 1975 年 至 1983 年，粮食仓库主要仓型是平房仓，也称简易仓库，砖墙承重，混凝土地面，装粮高 3 至 3.5 米，主要屋盖结构为钢筋混凝土组合屋架，钢筋混凝土门式钢架，预应力钢筋混凝土拱板顶等。

根据农业和粮食的发展状况，1983 年 11 月，国务院批准了粮食仓库、棉花仓库、水果仓库的"三库"建设，这是自"苏式仓"之后的一次统筹规划的大规模粮库建设，其中用于粮库建设的基建投资16.5 亿元，建设总仓容 1500 万吨。仓型则以房式仓为主，结构多为砖混结构，但是装粮高度一般为 4.5 米至 5.0 米，仓房跨度以 18 米、

20 米为主。

因丰沛的粮储与便捷的交通，南门粮库的周边，还发展出松江米厂、松江面粉厂、松江饲料厂等一批粮食仓库及工厂，与粮库共同形成了一片"粮食建筑群"，一起见证了现代松江粮食行业的发展演变。

松江米厂原名叫"松江第一碾米厂"，厂址就在通波塘的对面，是 1956 年春夏，松江碾米全行业实行公私合营而来，和松江油脂化工厂是一个院落，原先的松江油脂化工厂仅是松江第一碾米厂中的一个车间，该厂除碾米外，综合利用白秕、稗子、秕谷、清糠，生产饴糖、白酒、糠油。这里曾建桥联通两岸，与粮库所在地隔河相望。1969 年 12 月，南门粮库与松江第一碾米厂合并，更名松江米厂，主要负责粮食收购、调运、储存、加工。

松江面粉厂隶属于上海市松江县粮食局，始建于 1982 年 7 月。1984 年 6 月，年产 37500 吨的松江面粉厂一次试车成功，各项技术指标都达到和超过设计需求，9 月正式投产，生产能力为日处理小麦 200 吨，从此结束了松江无面粉加工的历史。该厂生产的富强粉筋力高、粉色好，适于做各种食品，曾获得"上海市优质产品"等荣誉称号。除了供应松江本地以外，还调拨及议价销售给福建、江西、吉林等 10 多个省市，深受用户欢迎。松江面粉厂拥有 8 栋罕见的五层高筒仓，单个筒仓高 24 米，直径 5.5 米，主要供面粉厂存储小麦等物资，为面粉的生产做储备。

松江县配合饲料厂是上海第一家自行设计的全部国产设备、全钢架结构的新型饲料厂，能够生产猪、鸡、鸭、奶牛、鱼、虾等各类系列全价粉状和颗粒状配合饲料。1988 年 4 月，松江县配合饲料厂技术改造工程顺利竣工投产，年产饲料能力 4 万吨。松江县配合饲料厂生产的"通宇"牌奶牛补充配合饲料，获"商业部优质产品"荣誉称号。

这些沿河而建的粮仓和厂房，是 1949 年以后松江地区粮食集中储存、运输中转和生产再加工的重要设施。它们形制特殊，建筑本身即具有较高的科学研究价值。更重要的是，它们反映了新中国建立之初模仿苏联工农业建设的历史，留下了深深的时代烙印，同时也是重要的历史文化资源。

"华丽转身"打造"网红"文创园

20 世纪 90 年代之后，随着城市的发展，农田急剧减少，昔日的田地变成了林立的高楼大厦、四通八达的公路、鳞次栉比的住宅和商业园区……昔日的老粮仓被现代化的城市建筑重重包围。粮仓的设施已陈旧过时，仓舍简陋老化，尽管松江区政府一直加以保护，却也难以避免冷落荒凉的命运。这一荒，就是二十来年……

终于，这批承载着"粮食文化"的建筑，因其重要的人文、历史和建筑价值，重新得到了重视。2019 年起，遵循"修旧如旧"的原则，经过文物保护与商业开发，这里被改建成文创休闲娱乐区。因松江别名"云间"，这个以粮仓建筑群为代表的文化创意园区被命名为"云间粮仓"。2019 年 4 月 16 日，"云间粮仓"项目正式启动。项目占地面积 100 亩左右，五六十栋高矮错落的建筑分布在内。它们大多是 20 世纪 50 年代至 90 年代陆续建造的粮食仓库及食品工厂旧址，留存特殊的历史文化记忆。

老粮仓的基本架构没有改变，尽可能地朴素还原。"苏式仓"的墙面保留着昔日青砖、红砖墙体，墙上的白灰年久剥落，显露着沧桑斑驳。粮仓内部也采用同样的原则，桁条依旧是那根桁条，立柱也依旧瘦削颀长，照明的灯罩还是"瓜皮帽"的模样，只是灯泡已不再是当年的白炽灯，改用环保低耗的灯具。

百年粮仓修旧如旧，外部依旧是复古工厂风，内部却"蝶变"重生，成为另一副现代模样。房式仓里开了个艺术家工作室，简易仓则变身为新潮的民宿。"苏式仓"们经过修旧如旧的更新改建，有的做了画室，有的成为展馆、剧场。一系列文化艺术活动在这里陆续上演。松江县配合饲料厂旧址如今是"院士楼"，设立"两院"院士联合工作站、诺贝尔自然科学奖纪念馆、"两院"院士艺术馆，设立"两院"院士文献资料中心，收录两院院士手稿、著作等。松江面粉厂旧址如今是啤酒阿姨打造的啤酒文化博物馆。而那 8 栋原本供松江面粉厂存储原料的高 24 米、直径 5.5 米的筒仓，更成为了云间粮仓的标志性景观，披上了巨幅筒仓涂鸦《稻田守望者》——四位宇航员行走在稻田中，手持水稻，仰望星空，彰显着松江大米航天育种的现代化农业最新成就……

如今的"云间粮仓"文创园分为文博展览、院士工作站、创意办公、休闲娱体、民宿餐饮和各类配套六大功能区。除了富有特色的筒

云间粮仓的巨幅筒仓涂鸦作品《稻田守望者》

仓等旧日建筑外，园区两面临河，将打造富有特色的亲水平台，设置雕塑、涂鸦等装置艺术，引入各类商业形态。在这里人们不仅可以欣赏到高雅的艺术展览，看到热烈奔放的现代艺术创作，还可以在茶室酒吧中娱乐消闲。

经过改造，"云间粮仓"重焕新生，实现了园区、社区、街区、景区、校区五区联动，成为松江乃至上海的"网红"地标。每逢节假日，前来"打卡""尝鲜""劈情操"的游人络绎不绝。

由南门粮库到1969年后的松江米厂、20世纪八九十年代的松江面粉厂，再到如今的云间粮仓，这是一种生生不息的传承。"硬核"粮仓的"华丽转身"，为打造集科创、文创、旅游于一体的"人文松江"提供了一个生动样本。它还原了历史，留住了乡愁，让人们感受和体会到"民以食为天"和"仓廪实而知礼节，衣食足而知荣辱"的真谛。其勃勃焕发的人文价值、历史价值和建筑价值，也启示着产业转型和城市更新有机结合的现代发展之路……

采石坑里的"世界建筑奇迹"

在佘山国家级旅游度假区，有这样一个与众不同的"深坑"以及依附深坑崖壁而建的奇妙建筑。在网上，这座建筑被称作世界上最"坑"的酒店，是游览佘山时不可错过的"打卡圣地"；而在工程师眼中，这座建筑则是人类建筑史上的一个奇迹，是无数同仁用智慧与汗水铸就而成的工艺品——它就是上海佘山世茂深坑酒店，全球首个建造在废石坑内的自然生态酒店。

从"卢山"到"深坑"

介绍深坑酒店，要先从深坑的由来讲起。深坑酒店位于上海佘山脚下的天马山深坑内，这个深坑的形成并非天然，而是一座山的消亡史，一段历史岁月的见证。据《嘉庆府志》记载，这里本是一座名为"卢山"的小山丘，山下还有一条蜿蜒的小河。1937年8月，淞沪会战爆发，11月8日，日军攻占松江城，他们一边烧杀掠夺，一边在周围寻找合适的地方建碉堡。9日，日军第47联队在途经佘山时，发现这里地势高、视野好，水路运输方便，决定在此构筑工事，便留下第3、第8中队警备佘山镇。接到命令的第3中队队长三明保真大分析地形后，决定利用小河在周围构筑防御工事，紧邻小河的卢山自然也被日军看重，准备在山头盖几个简易的碉堡。就在这时，完成"死守松江三日"任务，正按军令向北撤退的国民革命军第67军一部、62师一部、75师一部也到了佘山。两军相见分外眼红，当天晚上，67军就向卢山山头的日军第3中队发起冲锋，准备将其尽数歼灭，人数占劣势的日军只能躲在简易工事里反击。在67军的猛烈攻势下，第3、第8中队损失惨重，卢山也在无数子弹与手榴弹的洗礼下化作焦土，直到听到消息的日军第13联队前来支援，67军才放弃围攻，变换路线撤退。此后，日军依托山势在这里建起一座又一座碉堡，这些防御工事直到抗日战争结束后才被弃用。

上海解放后，百废待兴的松江城需要大量重建用的石料，距离近、水路运输便捷的卢山成了炸山采石的好地方。1957年，大量轧石厂迁移至卢山，炸取城镇建设和经济发展需要的石材。随着需求量的暴增，开挖面积与深度也不断增加，山丘被夷为平地，又渐渐下陷，最终形成直径200米，深80多米的巨型深坑。直到1999年，上海市矿产局停止核发采矿许可证，轧石厂纷纷转移、关闭，深坑才没有继续扩大。然而，经过长期无节制的开发，卢山已荡然无存，而挖采形成的天马山深坑也无人问津，如同一道无法遮掩的疤痕。

从"深坑"到"酒店"

经过数年的沉寂，天马山深坑迎来重生的曙光。一个偶然的机会，世茂集团董事局主席许荣茂到佘山参观，看到了与周遭风景格格不入的深坑。在了解它的前世今生后，许荣茂突然萌生了一个想法："把这里打造成一个震撼世界的酒店，把城市的伤痕变为瑰宝，绽放出它的震撼和美丽。"在他的推动下，2008年，深坑酒店正式立项，计划在天马山深坑建造一座下沉19层，包含水下客房、坑内景观房、空中花园、景观瀑布等设施的综合性酒店。2013年3月，深坑酒店正式动工，一场为期5年的大工程揭开帷幕。

理想很丰满，现实很骨感，从动工的第一天起，工程师们就感受到任务的艰巨——一般工程的打桩工作只需做几次地质勘查（简称"地勘"）就好，但深坑不仅又大又深，而且废弃多年，各层岩石的风化程度都不相同，几次地勘根本无法全面地把握地况，如何确保200多根桩的稳定性成为第一个亟待解决的难题。没办法，现场作业的工程师们只能"一桩一探"，每根桩打下之前都要进行细致的考察，光打桩就花了2年；由于酒店紧贴崖壁而建，主体结构会与坑壁围岩发生大面积碰撞，只有经过爆破清理后才能施工。然而坑深坡陡、地质复杂，里面的变量太多，"用什么炸，从哪里炸，炸多少"等问题也令爆破工程师伤透脑筋。为了加固生态崖壁，加一道保险，施工团队在爆破完成后又在坑口部位锚入99根35米长的锚索，在酒店背部崖壁打入6500根平均10米深的锚杆，把酒店紧紧"拴"在崖壁上。

此外，针对抗震、防洪、防火等问题，工程师们也在全面分析后给出了自己的解答：一般建筑的钢结构只设地面一个支点，深坑酒店则用"底部固接＋顶部简支"的方式在建筑上下各设一个支点，使得

深坑酒店

主体更加稳固，抗震设防烈度达到 7 度；深坑酒店三面环河，本身也是个可蓄水的坑，为了避免河水漫灌的情况，工程师们分析了百年来的松江水文资料，以 1980 年最高水位 3.73 米为参照，不仅设置了高达 4.2 米的防洪墙，还配备 6 台泄洪设备，水位一旦超过安全区间就会自动启动；为了防火，施工团队除在建筑内部安装了四座消防电梯外，还将室外崖壁原有的采石栈道加固成一个专用的消防疏散通道，客房阳台之间也都用玻璃相隔，一旦发生险情，客人们就能用消防锤砸碎玻璃，通过消防电梯与疏散通道撤离。在建造过程中，施工团队共拿下 38 项技术专利，解决了五项首创难题，将许多结构上的不可能变成可能，书写了属于他们的奋斗故事。

克服重重阻力，深坑酒店的技术难题已解决大半，只等设计师为它赋予独特的灵魂。为了确保效果，世茂集团邀请迪拜帆船酒店、苏州金鸡湖酒店、上海松江泰晤士小镇的主设计师马丁·约克曼（Martin Jochman），请他完成这一艰巨的任务。初见深坑，马丁·约克曼就为之倾倒："我第一次来到深坑，崎岖不平的崖壁、涓涓而泻的瀑布、寂静的水潭以及远处绵延的绿色山丘，都给我留下了非常深刻的印象。'做一个真正在大自然中生长的酒店，而不是仿生建筑'，这是我的灵感来源。酒店要与崖壁、瀑布、水潭、山丘对话，同时也要与佘山呼应，在当地的特色和文化中生长。"为了充分展现深坑酒店的美丽，马丁运用"敏感设计"，调动情感思维与感官直觉，让山、崖壁、瀑布形成抽象的自然语境，赋予深坑酒店独一无二的魅力：酒店大堂的墙壁设计成互相叠加的岩壁矿石，既凸显了深坑酒店的"矿石"历史，也让整个大堂显得立体起来；水下 2 层客房的玻璃外是深坑底部的水池，客人可以在这里与水生物面对面，如同置身于海洋一般……这些设计呈现的点点滴滴，都是结合了深坑山丘、崖壁、瀑布、植被等自带的天然元素，真正做到让自然融入建筑之中。

逐渐成形的深坑酒店吸引了全世界的目光，荣誉也纷至沓来：2011 年，深坑酒店在香港获得 MIPIM 亚洲"中国未来最佳建筑"金奖；2013 年在伦敦获评"最佳国际酒店建筑"，美国国家地理《伟大工程巡礼》纪录片称其为"世界十大建筑奇迹"；2014 年获得中国奢侈酒店与度假村设计高峰论坛"最佳酒店设计"；2021 年 9 月荣获第十八届中国土木工程"詹天佑奖"。如今，深坑酒店已成为佘山度假旅游区的一张靓丽名片，吸引着来自世界各地的旅客，感受人类与自然共同造就的"桃花源"。

纵观深坑酒店的建造过程，施工团队充分利用了深坑的自然环境，极富想象力地建造一座五星级酒店，整个酒店与深坑融为一体，相得益彰；设计团队以山为形，画水为瀑，取境造意，打造开放式的互动空间，营造自然诗意的归属感。这是人类建筑史上的奇迹，也是松江自然、人文、历史的集大成之作。更难得的是，无论是设计理念还是具体呈现，深坑酒店都做到了自然与人居的共生融合，成为都市环保的成功典范。

"五谷丰登"待君来

　　松江，历史人文底蕴深厚，山水自然风光旖旎。这里旅游资源丰厚，不仅有上海欢乐谷、月湖雕塑公园、方塔园、上海影视乐园、醉白池、松江大学城、泰晤士小镇、广富林文化遗址等景点，更拥有上海唯一有山有水的休闲旅游度假胜地——佘山国家旅游度假区。依托这些资源，松江成为首批"国家全域旅游示范区"、第四批"全国旅游标准化示范单位"。而近年打造的"五谷丰登"旅游体系，更为松江新城开辟出精彩的文化旅游景观带，迎接四方宾客。

　　"五谷丰登"是中国一个很有寓意的成语，形容国泰民安，风调雨顺的年代，人们丰收的喜悦与富足的生活。而今在素有"上海之根、沪上之巅、浦江之首、花园之城、大学之府"美誉的松江，"五谷丰登"又有了全新的含义。

　　古时松江小昆山镇之西有一片大湖，名为"谷水"，所以，松江又有"谷泖""华亭谷"的别称。松江区为了进一步打造和发展松江的旅游文化产业，积极推动产业与旅游融合发展、旅游产业转型升级，在整合生态山水、人文乡野、工业影视等旅游资源的基础上，通过产业融合和业态创新，围绕生态、科创、人文、影视、休闲五大亮点，重点打造了以"泖田谷""科创谷""人文谷""会务谷""欢乐谷"为代表的"五谷丰登"全域旅游产品体系，谱写着"佘山大境界、问根广富林"的全域旅游新篇章。其中，"泖田谷"重在乡村旅游产品的建设，"科创谷"重在工业旅游产品的开发，"人文谷"重在文化旅游产品的打造，"会务谷"重在会务旅游市场的拓展，"欢乐谷"重在节庆旅游体验产品的培育。

"三农 + 旅游"的"泖田谷"

浦南四镇——石湖荡、新浜、泖港和叶榭镇，是松江"泖田谷"的发展重点区域，紧扣"浦江首胜，泖田花海"的旅游形象，吸引上海乃至长三角游客走进上海乡村，认识松江浦南，体验祥和的乡村生活。

上海"母亲河"黄浦江的"零公里"所在地在松江石湖荡，有着"浦江之首"的美誉。位于"浦江之首"的浦南四镇各具特色，新浜的牡丹、荷花，泖港的菊花、五厍田园的采摘，叶榭的羊肉、大米，石湖荡的大闸蟹、"江南第一松"等，都是必游、必看、必尝。比如位于叶榭镇的"八十八亩田"，是开在稻田里的鲜米铺，大家可以体验乡野民宿和农耕文化，还可以亲手制作、品尝诞生于1573年的"非遗"美食"叶榭软糕"。

"工业制造 + 旅游"的"科创谷"

松江通过 G60 这条贯穿长三角更高质量一体化发展的"黄金走

浦江之首

廊"，带动区域转型升级，发挥辐射引领作用，打造具有世界竞争力的先进制造业产业集群。沿着 G60 高速松江段 40 千米两侧，松江布局了以临港松江科技城为龙头的 101 平方千米"一廊九区"，集聚了松江区 90% 的工业产值，占上海工业产值近 10%。依托长三角 G60 科创走廊建设，如 G60 脑智科创基地、卡奥斯工业互联网创新应用体验中心等体现人工智能发展趋势和特点的制造业企业汇聚松江。松江还是全球影视创制中心的重要承载地，云集了华策长三角国际影视中心、上海（车墩）高科技影视基地、星空综艺影视制作研发基地等科技影都重点项目。这些松江工业企业、科技企业提供了丰富的松江工业旅游资源，奠定了深厚的工业人文底蕴。因而，"科创谷"将依托长三角 G60 科创走廊建设，形成"工业＋旅游""科创＋旅游"的旅游新业态。

松江集聚了大量生活消费、时尚休闲的品牌企业。目前已有 1 家市级工业旅游景点服务质量优秀单位（上海影视乐园）、5 家市级工业旅游景点服务质量达标单位（明治巧克力馆、上海比亚迪有限公司、来伊份零食博物馆、"云间粮仓"、巴比魔法面点乐园）。在此基础上，"科创谷"推出四条松江工业旅游线路：美食赏味之旅、科技影视之旅、时尚生活之旅、智能科创之旅，游客可以通过这些旅游线路，进一步领略松江的魅力和风采。

"历史文化＋旅游"的"人文谷"

松江拥有一古（广富林）、一今（佘山天文台）两个"全国重点文物保护单位"以及唐经幢、方塔、照壁、元代清真寺、清代醉白池等 303 处文物遗址，演绎着"唐宋元明清、从古看到今"的文博大观，处处值得看。特别是广富林文化遗址，如今是上海的热门景点。广富林文化上接良渚，下启马桥，南北连接黄河流域和长江流域文明，被誉为"海派文化之源""上海城市之根"。今后的松江新城"人文谷"，将围绕"上海之根·松江故事"主题，整合广富林文化遗址和松江府城、仓城和泗泾下塘三大历史文化风貌区及华亭老街、华阳老街、中山路和云间路等松江老城各类文化资源，着力打造松江历史文化旅游区。

"会务休闲 + 旅游"的"会务谷"

"会务谷"依托松江丰富的酒店、展馆等会务接待设施和优良的自然生态环境、优质的绿色健康食品和丰富的康体服务设施，创新市场营销手段，拓展会务旅游市场，积极打造松江"会务休闲"品牌。

松江有酒店（宾馆）近 600 家，其中具备 80 间以上客房的酒店共有 140 余家，五星级饭店 3 家、四星级饭 2 家、三星级饭店 2 家，"金树叶"级绿色饭店（指运用环保健康安全理念，坚持绿色管理，倡导绿色消费，保护生态和合理使用资源的饭店）3 家，"银树叶"级绿色饭店 9 家。其中拥有会务设施、较大型饭店 18 家，各类会议室 120 多个，主要分布在佘山国家旅游度假区及松江城区。

丰富的酒店、展馆储备，加上天然绿色的环境，为会务旅游产业提供了独到的优势。

"休闲娱乐 + 旅游"的"欢乐谷"

"欢乐谷"培育与休闲娱乐活动相结合的旅游产品，重点依托主题公园和体育休闲设施，开发娱乐欢庆、生态时尚休闲、文化休闲、亲子度假、水上风情和体育赛事等旅游产品。

位于松江的上海欢乐谷、上海玛雅海滩水公园以及上海影视乐园、上海天马赛车场、上海世茂精灵之城主题乐园的室外深坑秘境乐园、上海辰山植物园、月湖雕塑公园，早已是人们耳熟能详的"都市

欢乐谷

开心地"。而 2018 年盛大开幕的"深坑酒店"（上海佘山世茂洲际酒店）已然吸引了全世界旅客的目光；随后开启的蓝精灵乐园和深坑水乐园，则是亲子游的必选项目，为这一度假区更增添一重吸引力……

松江作为首批国家全域旅游示范区，正在全力凸显"远看青山绿水，近看人文天地"的新篇章，力争使松江全域成为处处可游、时时宜游、人人乐游的完美胜地！

继古开今，超迈未来

松江，上海文化之根，千年商贸重镇，在上海文化中具有举足轻重的重要地位。

自 2001 年 1 月上海发布《关于上海市促进城镇发展的试点意见》以来，松江发展进入新阶段，"松江新城"一词也开始频繁地出现在人们的视线之中。经过近 20 年的发展，松江新城已逐渐成为具有独立城市功能与核心竞争力的新城区，并依靠"G60 科创走廊"这一国家重要创新策源地，对长三角经济建设产生独特而又深远的影响。自"十三五"以来，松江新城发展势头强劲，不仅生产总值、地方财政收入均呈现两位数增长，工业产值、贸易额、上市企业数量等数据也跃居上海前列，在五大新城中具有明显的战略优势和比较优势。在此基础上，2017 年 12 月 15 日，《上海市城市总体规划（2017—2035年）》（以下简称《规划》）获得国务院批复，松江新城的定位出现了些许改变——根据《规划》，松江新城将成为"沪杭轴线上的西南门户节点城市"、"以科教和创新为动力，以服务经济、战略新兴产业和文化创意产业为支撑的现代化宜居新城"以及"具有上海历史文化底蕴和自然山水特色的区域高等教育基地和休闲旅游度假胜地"，成为多领域齐头并进的长三角综合性节点城市。

松江新城 G60 云廊

在未来松江的诸多发展领域中，科技创新无疑扮演着"领头羊"的角色——以长三角 G60 科创走廊为战略引领，松江新城瞄准国际先进科创能力和产业体系，打造"中国制造迈向中国创造的先进走廊""科技和制度创新双轮驱动的先试走廊"与"产城融合发展先行走廊"，推动"松江制造"迈向"松江创造"。只有以此为根基不断集聚资源与人才，实现人流、物流、信息流的相互融通与合作，才能真正落实"一轴"（城乡统筹发展轴）、"两核"（"松江枢纽"核心功能区、"双城融合"核心功能区）与"四区"（松江枢纽核心区、上海科技影都核心区、老城历史风貌片区、产城融合示范片区）的战略构想，实现松江在经济、交通、文创、生态、教育、影视等领域的全面提升。

纵观松江历史，伴随着上海的持续发展与外扩，松江以其独特的地理优势和战略地位，成为沪郊地区最为闪耀的发展新星。从"一城九镇",到"长三角地区重要的节点城市之一",再到"独立的长三角综合性节点城市",时代在变,定位在变,使命在变,但将其建设成人民群众向往的新城的初心始终未变。到2035年,松江新城常住人口预计将突破110万,G60科创走廊将成为具有重要国际影响力的世界级科创重镇,一个"产城融合、功能完备、职住平衡、生态宜居、交通便利、治理高效"的现代化新松江也将出现在世人眼前。届时,松江新城将不独属于上海,它将是长三角的新城,中国的新城乃至世界的新城。

致

谢

在本书的编辑出版过程中,由上海市地方志办公室、中共上海市松江区委员会党史研究室(上海市松江区地方志办公室)、上海通志馆和何方、王培元、杨婧、郭长耀、郑宪章、张哲伦、蔡志锋、姜辉辉、林震浩、钱勇赴、乔志远、宋辉、王鹤春、岳诚、张金贵、周文强、朱爱明等单位和个人提供图片支持。因图片来源广泛,有些作者未能及时联系,如有遗漏,请联系学林出版社,即付稿酬。

谨向以上单位和个人表示谢忱。

图书在版编目(CIP)数据

走进松江/杨婧,乔志远编著. —上海:学林出
版社,2022
(上海地情普及系列丛书. 服务"五个新城"建设)
ISBN 978 - 7 - 5486 - 1857 - 7

Ⅰ.①走… Ⅱ.①杨… ②乔… Ⅲ.①松江区-概况
Ⅳ.①K925.13

中国版本图书馆 CIP 数据核字(2022)第 161693 号

责任编辑 李晓梅
装帧设计 肖晋兴

上海地情普及系列丛书·服务"五个新城"建设

走进松江
上海市地方志办公室　主编
上海通志馆　承编
杨　婧　乔志远　编著

出　　版　学林出版社
　　　　　　(201101　上海市闵行区号景路 159 弄 C 座)
发　　行　上海人民出版社发行中心
　　　　　　(201101　上海市闵行区号景路 159 弄 C 座)
印　　刷　上海丽佳制版印刷有限公司
开　　本　890×1240　1/32
印　　张　6.25
字　　数　14 万
版　　次　2022 年 9 月第 1 版
印　　次　2022 年 9 月第 1 次印刷
ISBN 978 - 7 - 5486 - 1857 - 7/G·695
定　　价　68.00 元